马克思主义经典文本的当代解读与中国道路
丛书主编　吴晓明

《谈谈辩证法问题》的当代解读与中国道路

孙正聿 编著

A brief Introduction to On the Question of Dialectics

图书在版编目（CIP）数据

《谈谈辩证法问题》的当代解读与中国道路 / 孙正聿编著. -- 重庆 : 重庆出版社, 2024. 11. -- ISBN 978-7-229-19158-0

I. A821.24

中国国家版本馆CIP数据核字第20241EJ179号

《谈谈辩证法问题》的当代解读与中国道路
《TANTAN BIANZHENGFA WENTI》DE DANGDAI JIEDU YU ZHONGGUO DAOLU

孙正聿　编著

责任编辑：肖化化　李欣雨
责任校对：李小君
装帧设计：刘沂鑫

重庆出版集团
重庆出版社 出版

重庆市南岸区南滨路162号1幢　邮政编码：400061　http://www.cqph.com
重庆出版社艺术设计有限公司制版
重庆天旭印务有限责任公司印刷
重庆出版集团图书发行有限公司发行
邮购电话：023-61520656
全国新华书店经销

开本：889mm×1194mm　1/32　印张：6.125　字数：105千
2025年1月第1版　2025年1月第1次印刷
ISBN 978-7-229-19158-0

定价：29.00元

如有印装质量问题,请向本集团图书发行有限公司调换：023-61520678

版权所有　侵权必究

吴晓明

总序

当中国的历史性实践进入到新的历史方位时，"世界历史"正面临着百年未有之大变局。为了理解这一变局并把握住它的根本趋势，我们尤其需要以马克思主义的理论来作为思想武器和分析工具，以便能够真正深入到"世界历史"变局的本质之中。因为直到今天，没有一种学说像马克思的学说那样，如此深刻而透彻地洞穿了现代世界的本质并将其带入到"历史科学"的掌握之中。正如海德格尔所说：马克思在体会到异化的时候，是深入到历史的本质性的一度中去了，所以马克思主义关于历史的观点比其余的历史学优越。这种优越性首先在于它的基本方法，在于这种方法将本质性导回到社会—历史的现实之中，从而要求根据特定的社会条件和时代状况展开具体化的理论研究和思想探索。

为了理解和掌握这种方法，我们就必须进入到马克思主义的经典文本之中——这是一个尽管初步但却是绝对必要的环节。如果认为马克思主义从根本上诉诸"现实",因而就以为文本、原则或原理等乃是无关紧要的和可以忽忽的,那么,这从一开始就已经误入歧途了。须知"现实"并不是知觉能够直接给予我们的东西,并不是我们睁眼就能看到的;真正的"现实",按黑格尔的说法,是"本质与实存的统一",是"展开过程中的必然性"。既然"现实"包含着本质和必然性,那么,把握"现实"就是一种很高的理论要求,就需要有理论高度上的原则或原理。所谓"经典文本",就是最集中地体现原则或原理的文献。为了将马克思主义理论掌握为强大的思想武器和锐利的分析工具,首先就必须通过经典文本的广泛阅读来学习马克思主义的原则或原理——舍此没有他途。我们正是为此目的而编选这套马克思主义经典文本解读系列的。

但是,马克思主义的理论绝不停留于抽象的原则或原理,也绝不意味着只是将抽象的原则或原理先验地强加给任何对象(外在反思)。对于马克思主义来说,它的基本方法最坚决地要求使原则或原理进入到全面的具体化之中。我们知道,黑格尔早就说过:没有抽象的真理,真理是具体的;一个哲学上的原则或原理,即使是真的,只要它仅仅是一个原则或原理,它就已经是假的了。我们同样知道,马克思在《〈政治经济学批判〉导言》中,将他的方法简要地概括为"从抽象到具体";而我们耳熟能详的一句名言说:"具体情况具体分析是马克思主义的活的灵魂。"在这样的意义上,辩证法就意味着:普遍的东西要摆脱它的抽象性而经历特定的具体化。对于黑格尔和马克思来说,这样的具体化主要有两个向度,即社会的向度和历史的向度;而这就意味着:抽象普遍的东西必须经过中介——根据特定的社会条件和特定的时代状况——来得到具体化。

举例来说,马克思主义的原则或原理乃是普遍的。但正如恩格斯所说,除非这样的原则或原理能够根据特定的社会条件和时代状况被具体化,否则它就会沦为"恶劣的教条",就会转变为"唯物史观的对立物"。而根据中国特定的社会条件和时代状况得到具体化的马克思主义,就是中国化时代化的马克思主义。事实上,与中国的历史性实践建立起本质联系的,不是抽象的马克思主义,而是中国化时代化的马克思主义。同样,在"世界历史"的基本处境中,现代化乃是普遍的。如《共产党宣言》所说,任何民族——如果它不想灭亡的话——都必然被卷入到现代化的进程之中,也就是说,现代化已成为每一个民族之普遍的历史性任务。但是,除非这样的普遍任务能够根据特定的社会条件和时代状况被具体化,否则,它就没有现实性可言，它就会遭遇到巨大的挫折和严重的困境。而根据中国特定的社会条件和时代状况得到具体化的现代化进程，就意味着中国式现代化，就意味着中国特色现代化道路的积极开启和现实展开。事实上，正是中国式现代化的历史性进程才使得中国的现代化开辟出立足于自身之上的发展道路，并取得了举世瞩目的伟大成就。由此可见，在这样一种具体化的理论进程和实践进程中，就像马克思主义必然要成为中国化时代化的马克思主义一样，中国的现代化实践也必然要成为中国式的现代化。

我们的这套解读系列之所以加上"当代解读与中国道路"的标识，就是试图积极地揭示马克思主义的基本方法，揭示这一方法从根本上来说的具体化承诺。毫无疑问，任何一种经典文本的解读，首先要求对原著的基本理解，要求掌握它的原则或原理。同样毫无疑问，马克思主义经典文本的解读还要求原则或原理的具体化——根据特定的社会条件和时代状况而来的具体化。如果这个解读系列的尝试能够帮助读者更加全面地阅读和理解经典作家的原著，那么，我们的目的就基本达到了；如果这一尝试还能够使读者在理解原著的基础上牢记具体化的必要性并学会掌握它，那么，马克思主义的基本方法就会真正成为我们的研究指南和分析利器。凭借着这样的指南和利器，我们不仅能够更加深入地思考中国道路的本质与必然性，而且能够更加积极地回应"世界历史"变局中正在出现的重大问题与严峻挑战。

我们由衷地感谢为这套解读系列付出辛勤劳动的诸多学者和整个出版社团队，我们也真诚地希望读者们能够从中得到思想理论上的有益启示和多重收获。

2023年冬初于复旦大学

目录

总序 /1

原著解读 /1

一、写作背景 /4

二、《谈谈辩证法问题》一文的基本思想 /8
　　(一)对立统一学说是辩证法的实质 /8
　　(二)从发展观内部区分辩证法和形而上学 /10
　　(三)辩证法也就是认识论 /11
　　(四)唯心主义是生长在人类认识之树上的不结果实的花 /24

三、黑格尔《逻辑学》一书摘要的基本思想 /27
　　(一)序言和导言部分的摘要和评语 /28

（二）存在论部分的摘要和评语 /30
（三）本质论部分的摘要和评语 /32
（四）概念论部分摘要和评语之一：论概念辩证法 /37
（五）概念论部分摘要和评语之二：论实践是思维和存在统一的基础 /40
（六）概念论部分摘要和评语之三：论唯物辩证法的要素的核心 /43
（七）概念论部分摘要和评语之四：论认识发展的圆圈运动 /45

四、黑格尔《哲学史讲演录》一书摘要的基本思想 /47

五、黑格尔辩证法（逻辑学）的纲要的基本思想 /51

六、哲学思维的理论自觉 /77

七、《谈谈辩证法问题》的现实意义 /95
（一）辩证法研究的当代课题 /96
（二）辩证法的发展观与对新发展理念的哲学理解 /101
（三）把握和解决时代性问题的辩证智慧和实践智慧 /113

原著选读 /135

谈谈辩证法问题（1915年） /137
哲学笔记（节选）（1895—1916年） /145

目录

黑格尔《哲学史讲演录》一书摘要（批语摘选）（1915年）/159
黑格尔辩证法（逻辑学）的纲要（批语摘选）/162
拉萨尔《爱非斯的晦涩哲人赫拉克利特的哲学》一书摘要（批语摘选）（1915年）/163
亚里士多德《形而上学》一书摘要（批语摘选）（1915年）/164
重要论述摘编/165

《谈谈辩证法问题》的
当代解读与中国道路

原著解读

A BRIEF
INTRODUCTION TO
ON THE QUESTION OF
DIALECTICS

原著解读

列宁于1915年写作的《谈谈辩证法问题》一文，收录于他的哲学名著《哲学笔记》之中。这篇短文内容丰富而深刻，精辟地总结了列宁自己对辩证法理论的研究成果，明确地论证了辩证法的实质，从发展观内部阐发了辩证法与形而上学这两种思维方式的根本对立，说明了辩证法的研究方法和叙述方法，论证了辩证法也就是马克思主义的认识论，具体地揭示了认识辩证发展的圆圈运动，并从认识论根源上揭露了唯心主义的实质。这篇短文在列宁的《哲学笔记》及其全部哲学思想中占有突出的重要地位。为了全面和深入地理解《谈谈辩证法问题》一文的哲学思想，本书在"原著解读"部分对《哲学笔记》中的"黑格尔《逻辑学》一书摘要""黑格尔《哲学史讲演录》一书摘要"和"黑格尔辩证法（逻辑学）的纲要"的批语进行了摘编，分别予以系统地阐述。

一、写作背景

收录《谈谈辩证法问题》一文的《哲学笔记》,是列宁自1895年至1916年间阅读哲学书籍时所写的摘要、评注、札记和短文的汇集,其中主要的内容写于1914年9月至1916年6月。《哲学笔记》在列宁生前没有公开发表。列宁逝世后,以《哲学笔记》命名的俄文单行本于1933年首次出版。中文版《哲学笔记》初版于1956年。

列宁的《哲学笔记》由46篇读书摘要、札记、短文和读书批注构成,编辑者基本上是以列宁所作笔记的年代为序整理成书的。它的主要内容是:马克思和恩格斯《神圣家族》一书摘要,黑格尔《哲学史讲演录》一书摘要,黑格尔《历史哲学讲演录》一书摘要,拉萨尔《爱非斯的晦涩哲人赫拉克利特的哲学》一书摘要,亚里士多德《形而上学》一书摘要,费尔巴哈《对莱布尼兹哲学的叙述、分析和批判》一书摘要，5篇读书批注和《谈谈辩证法问题》一文。其中，最主要的内容是《黑格尔〈逻辑学〉》一书摘要》和《谈谈辩证法问题》一文。

《哲学笔记》是列宁在马克思和恩格斯批判改造黑格尔的唯心主义辩证法的基础上，以唯物辩证法为指导，进一步批判研究黑格尔哲学以及整个哲学史，把唯物辩证法推进到列宁主义阶段的代表作。在这部哲学巨著中，列宁批判地研究了哲学史上辩证思想的卓越代表人物的著作，其中最主要的是关于黑格尔的著作，全面地探讨了辩证法的理论性质、理论内容和发展方向，特别突出地提出了辩证法的实质和核心、特征和要素，以及辩证法、认识论和逻辑学三者一致等重大理论问题，表现了新的历史时代发展马克思主义哲学的方向、途径和主要内容。它在整个辩证法理论发展史上，特别是在马克思主义辩证法的发展史上具有极其重要的地位和作用。

列宁的《哲学笔记》不仅具有强烈的现实针对性，而且具有极为深刻而久远的哲学史背景。了解这种背景，有助于我们从哲学发展的内在逻辑上去掌握和理解这部著作。

在总结全部哲学史的基础上，恩格斯曾明确地提出，思维和存在的关系问题是全部哲学、特别是近代哲学重大的基本问题。但是，黑格尔以前的哲学都没有理解这个问题的真实意义和真实内容。18世纪的法国唯物论虽然坚持了唯物主义的认识论，但"它只限于证明一切思维和知识的内容都应当起源于感性的经验"，而没有自觉到哲学的本质任务是实现思维规律和存在规律的统一，因此只能是停留在直观反映论的水平上。德国古典哲学的奠基人康德认为，思维把握存在的规律只是思维的主观逻辑方式，它本身并不表达存在的规律，不具有客观逻辑的意义。这样，康德就把思维规律和存在规律对立起来，不可避免地陷入了不可知论。在对康德的不可知论和法国唯物论的直观反映论的批判中，把哲学理解和描述为思维规律与存在规律在概念的辩证发展中所实现的统一，这就是德国古典哲学的集大成者黑格尔所创立的自觉形态的概念辩证法。由于黑格尔是在唯心主义的基础上去构筑他的概念辩证法体系的，因此，这种辩证法虽然是自觉的，却又是神秘的。马克思和恩格斯在哲学理论上的首要任务之一，是从黑格尔辩证法理论的神秘形式中拯救出其"合理内核"，创立以唯物主义为基础的辩证法理论，即唯物辩证法。列宁所面临的理论任务，则是进一步具体地挖掘、阐发和论证黑格尔辩证法的"真实意义",从发展观内部去推进唯物辩证法。整部《哲学笔记》就是探索"合理形态"的辩证法,而《谈谈辩证法问题》一文就是对这种探索的简洁、精辟的总结。

二、《谈谈辩证法问题》一文的基本思想

列宁在这篇短文中精辟地总结和概括了自己关于辩证法的研究成果,内容丰富而深刻,主要有四个要点:一是"对立统一学说"是辩证法的实质,二是从发展观内部区分辩证法和形而上学,三是"辩证法也就是认识论",四是唯心主义的认识论根源。下文将分别介绍和讲解这四个要点,集中地阐发列宁的"辩证法也就是认识论"的哲学思想。

(一)对立统一学说是辩证法的实质

辩证法的"实质"是什么?如何从这个"实质"去理解、把握和运用辩证法?这是《谈谈辩证法问题》一文概

括的首要问题。在这篇短文的开头，列宁就明确地提出，统一物之分为两个部分，以及对它的矛盾着的部分的认识，是辩证法的实质（是辩证法的"本质"之一，是它主要的特点或特征之一，甚至是它的最主要的特点或特征）。列宁接着又指出，黑格尔也正是这样提问题的（他把事物及其概念都视为对立面的统一，认为内在矛盾是一切运动的源泉）。这就从批判继承关系上揭示了马克思主义辩证法的直接的理论来源。

列宁提出，关于对立统一学说的正确性，必须由科学史来检验。由此，列宁又有针对性地指出，普列汉诺夫等把对立面的同一当作实例的总和，而没有把对立统一当作认识的规律以及客观世界的规律。这就要求我们必须从"认识的规律"和"客观世界的规律"的统一去理解作为"对立统一学说"的辩证法。

为此列宁进一步指出，对立统一学说的实质内容是：承认自然的、社会的和精神的一切现象和过程具有矛盾着的、相互排斥的、对立的倾向；要认识世界上一切过程的自己运动、自生的发展和蓬勃的生活，就要把这些过程当作对立面统一来认识；发展是对立面的斗争和统一；对立面的统一是有条件的、暂时的、易逝的、相对的，相互排斥的对立面的斗争则是绝对的。这些概括,精辟地揭示了辩证法作为"对立统一学说"的"实质内容"。

(二) 从发展观内部区分辩证法和形而上学

辩证法是关于"发展"的学说,如何理解"发展",关系到对辩证法的根本性理解,也关系到作为两种思维方式的辩证法与形而上学的根本性区别。对此,列宁明确地提出,有两种基本的发展(进化)观点:辩证法认为发展是对立面的统一,即统一物之分为两个相互排斥的对立面以及它们之间的互相关联;形而上学则认为发展是减少和增加,是重复。

由于这一根本对立,就形成了辩证法与形而上学的主要区别,即:辩证法把主要的注意力放在认识自己运动的泉源上,形而上学则忽视自己运动,它的动力、泉源和动因都被忽视了(或者这个泉源被移到外部,即移到神、主体等等那里去了);辩证法的观点是活生生的,只有它才提供理解一切现存事物的"自己运动"的钥匙,才提供理解飞跃、渐进过程的中断、向对立面的转化、旧东西的消灭和新东西的产生的钥匙，而形而上学的观点则是死板的、贫乏的、枯竭的。

对于"辩证法"，人们常常把它的"辩证性"当作"怀疑"和"诡辩"，甚至戏称为"变戏法"。对此，列宁有针对性地指出，辩证法同主观主义（怀疑论和诡辩论）是根本不同的。唯物辩证法认为相对和绝对的差别也是相对的，相对中有绝对，而主观主义和诡辩则认为相对只是相对的，是排斥绝对的。

（三）辩证法也就是认识论

列宁在《谈谈辩证法问题》这篇具有总结性的短文中，明确地提出了"辩证法也就是（黑格尔和）马克思主义的认识论"的著名论断。这个论断的思想内涵是极其深刻的，对于理解列宁的辩证法思想是极为重要的，因此，我们着重地讲解这个论断的思想内涵及其重大意义。

对于列宁的这个论断，学界一直存在不同的理解和阐释，其中的一种具有代表性的解释是把列宁的这个论断归结为"把辩证法应用于反映论，应用于认识的过程和发展"。这种解释，不仅极大地缩小了"辩证法就是认识论"的深厚的思想内涵，而且还造成了从理论形态上把列宁的辩证法思想（特别是《哲学笔记》中所阐述的辩证法思想）归结为"认识论的辩证法"的不容忽视的理论"误区"。这突出地表现在，一些学者从列宁的"辩证法也就是认识论"的论断而断言列宁的辩证法属于"认识论的辩证法"，而不是"实践论的辩证法"。这表明，只有重新研读和阐释《哲学笔记》，才能理解列宁关于辩证法也就是认识论的真实涵义，并从而跳出把列宁的辩证法思想归结为"认识论的辩证法"的理论"误区"。

在《谈谈辩证法问题》一文中，列宁关于辩证法的论述，直接针对的是把辩证法"当作实例的总和"，"而不是被当作认识的规律（以及客观世界的规律）"①。正是基于这种强烈的针对性，列宁强调地指出："辩证法也就是（黑格尔和）马克思主义的认识论：正是问题的这一'方面'（这不是问题的一个'方面'，而是问题的本质）普列汉诺夫没有注意到，至于其他的马克思主义者就更不用说了。"②

---

① ［苏］列宁：《哲学笔记》，人民出版社1974年，第407页。
② ［苏］列宁：《哲学笔记》，人民出版社1974年，第410页。

在关于"辩证法也就是认识论"的论述中，列宁有针对性地强调了三个方面：第一，辩证法也就是黑格尔和马克思主义的认识论。在这里，列宁不仅是把黑格尔和马克思并列起来强调辩证法就是认识论，而且特别是在《逻辑学》与《资本论》的一致性方面强调辩证法就是认识论。第二，辩证法也就是认识论，"这不是问题的一个'方面'，而是问题的本质"。在这里，列宁所针对的正是那种把"辩证法也就是认识论"这个命题归结为"问题的一个'方面'"的理解模式，也就是仅仅把这个命题归结为"把辩证法应用于反映论"的理解模式，列宁所强调的"问题的本质"，指的是不能把辩证法"当作实例的总和"，而必须从"认识的规律（以及客观世界的规律）"去理解辩证法，也就是从作为哲学的重大的基本问题的思维和存在的关系问题去理解辩证法。第三，列宁为了强调理解这个"问题的本质"的重要性和艰巨性，又进一步地提出，这个"问题的本质"连普列汉诺夫这样著名的马克思主义理论家都"没有注意到，至于其他的马克思主义者就更不用说了"。

从"问题的本质"上看，整部《哲学笔记》都是在把辩证法理解为逻辑学的基础上，也就是在把辩证法理解为以思维的逻辑把握存在的运动的基础上，全面地、深刻地论证了"辩证法也就是（黑格尔和）马克思主义的认识论"。这主要包括：关于人的认识辩证本性的论证，关于认识的辩证运动的论证，关于辩证法与认识史关系的论证，关于辩证法的知识领域的论证，关于认识和逻辑的实践基础的论证，关于唯心主义的认识论根源的论证等。列宁的这些论证，不仅具体地阐述了"辩证法也就是（黑格尔和）马克思主义认识论"这个"问题的本质"，而且深刻地揭示了《资本论》的"唯物主义的逻辑、辩证法和认识论"是"同一个东西"的思想内涵，从而凸显了"这种唯物主义从黑格尔那里吸取了全部有价值的东西并发展了这些有价值的东西"。

在《哲学笔记》中，"辩证法也就是认识论"同"辩证法也就是逻辑学"，并不是相互独立的两个论断，而是从两个不同的角度所形成的关于"问题的本质"的具有共同的思想内涵的同一个判断。列宁在"探求"黑格尔逻辑学的真实的涵义、意义和作用时提出，"（抽象的）概念的形成及其运用，已经包含着关于世界客观联系的规律性的看法、信念、意识"[①]。列宁由此进一步以"唯物主义

---

① ［苏］列宁：《哲学笔记》，人民出版社1974年，第189页。

的观点"提出:"逻辑学是关于认识的学说,是认识的理论。认识是人对自然界的反映。但是,这并不是简单的、直接的、完全的反映,而是一系列的抽象过程,即概念、规律等等的构成、形成过程,这些概念和规律等等(思维、科学='逻辑观念')有条件地近似地把握着永恒运动着的和发展着的自然界的普遍规律性。""人不能完全把握=反映=描绘全部自然界、它的'直接的整体',人在创立抽象、概念、规律、科学的世界图画等等时,只能永远地接近于这一点。"[1]正是由于列宁以"唯物主义的观点"来解读"关于认识的学说"的《逻辑学》,因此以全方框方式[2]写道:"极其深刻和聪明!逻辑规律就是客观事物在人的主观意识中的反映"[3]。这正是列宁以"问题的本质"——思维和存在的关系问题——所阐释的"唯物主义的逻辑、辩证法和认识论"的"三者一致"。

关于"辩证法也就是认识论",列宁作出了全面的、系统的论证。下文从五个方面具体地阐释列宁的这个论断的重要思想。

---

[1] [苏]列宁:《哲学笔记》,人民出版社1974年,第194页。
[2] 原著中列宁的笔记采取了竖线、半框、全方框等批注形式。
[3] [苏]列宁:《哲学笔记》,人民出版社1974年,第195页。

第一,"辩证法也就是认识论",首先是植根于人的认识的辩证本性。列宁提出:"从最简单、最普通、最常见的等等东西开始;从任何一个命题开始,从树叶是绿的,伊万是人,哈巴狗是狗等等。在这里(正如黑格尔天才地指出过的)就已经有辩证法:个别就是一般。"①因此,"在任何一个命题中,好像在一个'单位'('细胞')中一样,都可以(而且应当)发现辩证法一切要素的萌芽,这就表明辩证法是人类的全部认识所固有的"②。在这里,列宁不仅从"辩证法是人类的全部认识所固有的"观点论证了"辩证法也就是认识论",而且是从人的认识的辩证本性论证了"具有客观意义的概念的辩证法和认识的辩证法",从而在"辩证法就是逻辑学"和"辩证法就是认识论"这两个命题的统一中,深化了我们对"唯物主义的逻辑、辩证法和认识论"是"同一个东西"的理解。

第二,"辩证法也就是认识论",还在于人(人类)的认识本身是辩证发展的。在《哲学笔记》中,列宁对此作出了一系列的深刻论述:"思想和客体的一致是一个过程","认识是思维对客体的永远的、没有止境的接近。自

---

① [苏]列宁:《哲学笔记》,人民出版社1974年,第409页。
② [苏]列宁:《哲学笔记》,人民出版社1974年,第410页。

然界在人的思想中的反映,应当了解为不是'僵死的',不是'抽象'的,不是没有运动的,不是没有矛盾的,而是处在运动的永恒过程中,处在矛盾的产生和解决的永恒过程中的"①,"人对事物、现象、过程等等的认识从现象到本质、从不甚深刻的本质到更深刻的本质的深化的无限过程"②,"人的概念并不是不动的,而是永恒运动的,相互转化的,往返流动的;否则,它们就不能反映活生生的生活"③。正是基于对人的认识的辩证发展的理解,列宁在《谈谈辩证法问题》中对"辩证法也就是认识论"的思想内涵作出精辟的阐释:"辩证法是活生生的、多方面的(方面的数目永远增加着的)认识,其中包含着无数的各式各样观察现实、接近现实的成分(包含着从每个成分发展成的整个哲学体系),这就是它比起'形而上学的'唯物主义来所具有的无比丰富的内容,而形而上学的唯物主义的根本缺陷就是不能把辩证法应用于反映论,应用于认识的过程和发展。"④列宁的上述论断,既表明了从认识的

---

① [苏]列宁:《哲学笔记》,人民出版社1974年,第208页。
② [苏]列宁:《哲学笔记》,人民出版社1974年,第239页。
③ [苏]列宁:《哲学笔记》,人民出版社1974年,第277页。
④ [苏]列宁:《哲学笔记》,人民出版社1974年,第411页。

辩证发展去理解"辩证法也就是认识论"的必要性和重要性，又表明了列宁主要是针对"形而上学的唯物主义的根本缺陷"而着重提出"把辩证法应用于反映论，应用于认识的过程和发展"的问题。如果把关系到"问题的本质"的"辩证法也就是认识论"这一命题仅仅理解为"把辩证法应用于反映论"，就不能真正把握这一命题的深刻内涵，更不能理解为什么"唯物主义的逻辑、辩证法和认识论"是"同一个东西"。

第三，"辩证法也就是认识论"，还在于哲学史上的任何一种哲学理论、一种哲学学说、一种哲学派别、一种哲学思潮，都与人的认识的某个特征、方面或部分密切相关。列宁在提出"辩证法是活生生的、多方面的（方面的数目永远增加着的）认识，其中包含着无数的各式各样观察现实、接近现实的成分（包含着从每个成分发展成的整个哲学体系）"之后，作出了人们经常引证的著名论断："从粗陋的、简单的、形而上学的唯物主义观点看来，哲学唯心主义不过是胡说。相反地，从辩证唯物主义的观点看来，哲学唯心主义是把认识的某一个特征、方面、部分片面地、夸大地、发展（膨胀、扩大）为脱离了物质、脱离了自然的、神化了的绝对。唯心主义就是僧侣主义。这是对的。但（'更确切些'和'除此而外'）哲学唯心主义是经过人的无限复杂的（辩证的）认识的一个成分而通向僧侣主义的道路。"①对此，列宁又作出进一步的深刻阐述："人的认识不是直线（也就是说，不是沿着直线进行的），而是无限地近似于一串圆圈，近似于螺旋的曲线。这一曲线的任何一个片断、碎片、小段都能被变成（被片面地变成）独立的完整的直线，而这条直线能把人们（如果只见树木不见森林的话）引到泥坑里去，引到僧侣主义那里去（在那里统治阶级的阶级利益就会把它巩固起来）。直线性和片面性，死板和僵化，主观主义和主观盲目性就是唯心主义的认识论根源。而僧侣主义（＝哲学唯心主义）当然有认识论的根源，它不是没有根基的，它无疑地是一朵不结果实的花，然而却是生长在活生生的、结果实的、真实的、强大的、全能的、客观的、绝对的人类认识这棵活生生的树上的一朵不结果实的花。"②从"辩证法就是认识论"去理解全部哲学史，一个重大的理论意义就在于，它使人们真正地理解哲学唯心主义产生和长期存在的认识论根源。

---

① ［苏］列宁：《哲学笔记》，人民出版社1974年，第411页。
② ［苏］列宁：《哲学笔记》，人民出版社1974年，第411—412页。

第四,"辩证法也就是认识论",还在于"辩证哲学"本身就是"一种建立在通晓思维的历史和成就的基础上的理论思维"。无论是从人类认识的辩证本性和辩证发展上看,还是从理解哲学理论和哲学派别冲突的认识论根源上看,理解逻辑、辩证法和认识论的"三者一致",都必须把"辩证法"同全部"哲学史"联系起来。这是列宁阅读《逻辑学》的一个重要结论。在《逻辑学》的"存在论"的摘要中,列宁就以全方框方式写下了这样的评语:"看来,黑格尔是把他的概念、范畴的自己发展和全部哲学史联系起来了。这为整个逻辑学提供了又一个新的方面。"[1]正是这个"新的方面",得到列宁的特殊的关切。列宁在《哲学笔记》中提出这样一个问题:为什么"普遍运动和变化的思想(《逻辑学》,1813年)未被应用于生命和社会以前,就被猜测到了"[2]?列宁认为,《逻辑学》能够"猜测到"这个"普遍运动和变化的思想",非常重要的原因是"黑格尔在哲学史中着重地探索辩证的东西"[3],"黑格尔的辩证法是思想史的概括"[4]。列宁由此得出的重要

---

[1] [苏]列宁:《哲学笔记》,人民出版社1974年,第117页。
[2] [苏]列宁:《哲学笔记》,人民出版社1974年,第147页。
[3] [苏]列宁:《哲学笔记》,人民出版社1974年,第273页。
[4] [苏]列宁:《哲学笔记》,人民出版社1974年,第355页。

结论是："要继承黑格尔和马克思的事业，就应当辩证地研究人类思想、科学和技术的历史"①。据此，列宁还进一步具体地提出，"哲学史""各门科学的历史""儿童智力发展的历史""动物智力发展的历史""语言的历史""心理学""感觉器官的生理学"，"这就是那些应当构成认识论和辩证法的知识领域"②。深思列宁的这些论述，我们可以深刻地理解恩格斯为什么把"辩证哲学"归结为是"一种建立在通晓思维的历史和成就的基础上的理论思维"③。

第五，需要特别指出的是，在列宁的"辩证法也就是（黑格尔和）马克思主义认识论"的哲学思想中，最为重要的思想是以实践的观点来论证"唯物主义的逻辑、辩证法和认识论"是"同一个东西"。因此，列宁在这里所指认的"唯物主义"，并不是旧唯物主义或一般意义的"唯物主义"，而是特指《资本论》的"唯物主义"即马克思主义的"现代唯物主义"。把列宁《哲学笔记》的辩证法归结为西方近代哲学意义上的"认识论的辩证法"，不仅

---

① ［苏］列宁：《哲学笔记》，人民出版社1974年，第154页。
② ［苏］列宁：《哲学笔记》，人民出版社1974年，第399页。
③ 《马克思恩格斯全集》第20卷，人民出版社1971年，第532页。

曲解了列宁关于"辩证法也就是认识论"的命题，而且从根本上曲解了《哲学笔记》对《资本论》的理解。在《逻辑学》"概念论"的摘要中，列宁以"对客体的认识"的评语，摘录了黑格尔关于"对真理的认识就在于：按照客体本身，即把客体作为不掺杂主观反思的东西来认识"①的论述。列宁"用唯物主义的观点"来阐释和发挥黑格尔的思想，由此提出了关于"唯物主义辩证法"的一系列评语。首先，列宁明确地提出，"外部世界，自然界的规律，乃是人的有目的的活动的基础"，"人在自己的实践活动中面向着客观世界，以它为转移，以它来规定自己的活动"②，"人的目的是客观世界所产生的，是以它为前提的"③；与此同时，列宁又强调地指出，"人的意识不仅反映客观世界，并且创造客观世界"④，"世界不会满足人，人决心以自己的行动来改变世界"⑤；列宁由此提出"实质：'善'是'对外部现实性的要求'，这就是说，'善'

---

① ［苏］列宁：《哲学笔记》，人民出版社1974年，第197页。
② ［苏］列宁：《哲学笔记》，人民出版社1974年，第200页。
③ ［苏］列宁：《哲学笔记》，人民出版社1974年，第201页。
④ ［苏］列宁：《哲学笔记》，人民出版社1974年，第228页。
⑤ ［苏］列宁：《哲学笔记》，人民出版社1974年，第229页。

被理解为人的实践＝要求（1）和外部现实性（2）"[1]。在这里，列宁深刻地揭示了"唯物主义的逻辑、辩证法和认识论"是"同一个东西"的存在论根源：人的实践活动的目的性要求与外部现实性的辩证关系。其次，列宁特别关切地阐述了"逻辑"的现实基础，提出"人的实践经过千百万次的重复，它在人的意识中以逻辑的格固定下来。这些格正是（而且只是）由于千百万次的重复才有着先入之见的巩固性和公理的性质"[2]。列宁的这个思想，从人类的实践活动出发深刻地揭示了"逻辑"之所以具有"客观意义"的实践源泉。再次，列宁在"黑格尔论实践和认识的客观性"的标题下，写下"人的和人类的实践是认识的客观性的验证、准绳。黑格尔的意思是这样的吗？要回过来再看"[3]。接着，列宁又以全方框方式写下，"在黑格尔那里，在分析认识过程中，实践是一个环节，并且也是向客观的（在黑格尔看来是'绝对的'）真理的过渡。因此，当马克思把实践的标准列入认识论时，他的观点是直

---

[1] ［苏］列宁：《哲学笔记》，人民出版社1974年，第229页。
[2] ［苏］列宁：《哲学笔记》，人民出版社1974年，第233页。
[3] ［苏］列宁：《哲学笔记》，人民出版社1974年，第227页。

接和黑格尔接近的:见《关于费尔巴哈的提纲》"①。

列宁的上述思想,以马克思的实践观点深刻地阐述了"唯物主义的逻辑、辩证法和认识论"的"三者一致",从而使我们更为具体和更为深刻地理解马克思的唯物主义从黑格尔那里所吸取的"全部有价值的东西",特别是更为具体和更为深刻地理解马克思的唯物主义如何"向前推进了这些有价值的东西"②。这同时表明,离开列宁对思维和存在关系问题的实践论理解,把列宁关于"辩证法也就是(黑格尔和)马克思主义的认识论"的重要思想仅仅归结为"把辩证法应用于反映论",并进而把列宁的这个思想归结为"认识论的辩证法",是不符合列宁的思想本身的。

(四)唯心主义是生长在人类认识之树上的不结果实的花

如何理解和看待哲学唯心主义,特别是如何认识哲学

---

① [苏]列宁:《哲学笔记》,人民出版社1974年,第228页。
② [苏]列宁:《哲学笔记》,人民出版社1974年,第357页。

唯心主义产生和长期存在的根源，是一个十分重大的哲学问题，也是旧唯物主义从未解决的问题。在《谈谈辩证法问题》一文中，列宁对这个问题作出了精辟的分析和深刻的论述。列宁指出，从粗陋的、简单的、形而上学的唯物主义的观点看来，哲学唯心主义不过是胡说。相反地，从辩证唯物主义的观点看来，哲学唯心主义有其深刻的认识论根源：第一，哲学唯心主义是把认识的某一个特征、方面、部分片面地、夸大地发展为脱离了物质、脱离了自然的、神化了的绝对。哲学唯心主义是经过人的无限复杂的认识的一个成分而通向僧侣主义的道路。第二，哲学唯心主义是把人的认识的近似于螺旋的曲线上的一个片断、碎片、小段变成独立的完整的直线。第三，统治阶级的阶级利益使唯心主义巩固起来，把唯心主义变成僧侣主义。列宁由此得出的基本结论是：直线性和片面性，死板和僵化，主观主义和主观盲目性就是唯心主义的认识论根源。

唯心主义的认识论根源表明，它不是没有根基的，它无疑地是一朵不结果实的花，然而却是生长在活生生的、结果实的、真实的、强大的、全能的、客观的、绝对的人类认识这棵活生生的树上的一朵不结果实的花。这就要求我们从认识论的根源去克服唯心主义，在认识的过程中努力地克服直线性和片面性，防止片面地夸大认识中的某个特征、方面和环节，防止认识中的主观主义和主观盲目性，唯物地和辩证地认识世界。这也要求我们深入地理解"辩证法也就是认识论"的重要思想，以唯物辩证法去解决"思维和存在的关系问题"。

三、黑格尔《逻辑学》一书摘要的基本思想

这部笔记写于1914年至1916年，是整部《哲学笔记》的主要内容，也是形成《谈谈辩证法问题》一文最重要的思想来源。为此，我们以列宁的摘要和批注为序，具体地阐释其主要思想，以深化对《谈谈辩证法问题》一文的理解。

黑格尔《逻辑学》是一部以辩证法为核心的本体论、认识论和逻辑学相统一的唯心主义哲学巨著。它以概念的发展体系构筑了"绝对理念"由自在的存在到自为的存在、最后达到自在自为的存在的发展进程。与此相适应，《逻辑学》在序言和导言之后，分为"存在论""本质论"和"概念论"三个部分。列宁对《逻辑学》的序言和导言以及上述三大部分依次进行摘录、评注、引申和发挥，提出一系列关于辩证法的重要思想。

(一) 序言和导言部分的摘要和评语

黑格尔在《逻辑学》的序言和导言中提出，必须从根本上改造逻辑学，其中包括亚里士多德以来的形式逻辑和康德的先验逻辑。黑格尔认为，逻辑学并不是关于思维的外在形式的学说，而是关于真理的科学，因此，他从三个方面批评以往的逻辑学：第一，形式脱离内容，把概念变成没有客观意义的、主观的工具；第二，方法外在于体系，把方法当成外在于体系的附加物；第三，概念失去了运动，把概念的规定凝固化。列宁在摘要和评语中，充分肯定了黑格尔对旧逻辑学和康德先验逻辑的批判，表明了自己研究辩证法理论的基本出发点。

1.逻辑学与认识论的统一

列宁首先关注的是，把逻辑这门"关于思维的科学"通常理解为"认识的单纯的形式"。列宁指出，黑格尔驳斥这种观点，并要求从这样的逻辑出发：形式是具有内容的形式，则活生生的实在的内容的形式，是和内容不可分离地联系着的形式。

按照黑格尔的这种要求，思维的范畴就不是人的用具，而是人和自然的规律性的表述，逻辑就不是关于思维的外在形式的学说，而是关于"一切物质的、自然的和精神的事物"的发展规律的学说，即关于世界的全部具体内容及对它的认识的发展规律的学说，是对世界的认识的历史的总计、总和、结论。因此，逻辑学"自己构成自己的道路"，就是真实的认识，就是不断认识、从不知到知的运动之路。逻辑和认识论，都应当从"全部自然生活和精神生活的发展"中引申出来，因此二者是统一的。

2. 逻辑学和认识论与辩证法的统一

在旧逻辑中，没有概念和思维的转化与发展，没有各部分之间的"内存的必然的联系"，也没有某些部分向另一些部分的转化。于是，黑格尔提出两个基本的要求：联系的必然性和差别的内在的发生。列宁认为，这两个要求表达了辩证法的基本特征；某个现象领域的一切方面、力量、趋向等等的必然联系、客观联系；差别的内在发生，是差别、两极性的进展和斗争的内部客观逻辑。由此列宁明确地提出，辩证法就是在对立面的统一中把握对立面。这正是列宁在《谈谈辩证法问题》一文中对辩证法的"实质"的概括。

3. 辩证法研究对象本质自身的矛盾

对认识的内容作逻辑的思考，于是成为对象的就不是事物，而是事物的本质、事物运动的规律。辩证法就是研究事物内部的矛盾使旧的内容为新的更高级的内容所代替的过程，研究自身体现着特殊、个体、个别东西的丰富性的普遍性，即个别与一般的对立统一关系，研究科学认识的运动。

（二）存在论部分的摘要和评语

"存在论"是《逻辑学》三大组成部分的第一部分，它是"关于思想的直接性——自在或潜在的概念的学说"[①]，集中地论述了质、量、尺度三大范畴。列宁在摘要和评注中阐发了辩证思维的基本要求，提出了辩证思维与形而上学、诡辩论、折衷主义的原则界限，对辩证法理论作出了初步的规定。

1. 辩证思维的基本要求

辩证法是一种学说，它研究对立面怎样才能够同一，是怎样（怎样成为）同一的，即在什么条件下它们是相互

---

① ［德］黑格尔：《小逻辑》，贺麟译，商务印书馆1980年，第185页。

转化而同一的。人的头脑不应该把这些对立面看作僵死的、凝固的东西，而应该看作活生生的、有条件的、活动的、互相转化的东西。对立的规定，如果单独来看，没有一个是真的，只有二者的统一才是真的。辩证思维就是在对立环节的统一中把握对立面。这就要求概念的全面的、普遍的灵活性，达到了对立面统一的灵活性。黑格尔把他的概念、范畴的自己发展和全部哲学史联系起来了。这为整个逻辑学提供了又一个新的方面。

2. 辩证思维与形而上学、诡辩论和折衷主义的原则界限

辩证的哲学思维是形而上学的哲学思维所不知道的。康德的"自在之物"是摆脱了一切规定的抽象，是摆脱了一切对于他物的关系的抽象，因此是不真实的、空洞的抽象。他为自在之物和为我之物划出了不可逾越的、互相隔绝的界限，却不懂得一切事物总是既"自在"，又在对他物的关系上"为他"，从一种状态转化为另一种状态。

辩证思维要求客观地运用概念的灵活性，即：反映物质过程的全面性及其统一的灵活性，对世界的永恒发展的正确反映的灵活性。而折衷主义和诡辩论则是主观地运用概念的灵活性，是依据未加批判和反复思考的毫无根据的

前提而发的议论。折衷主义和诡辩论是形而上学的又一种表现。

3.有限与无限、质与量的辩证关系

在辩证思维看来，事物本身、自然界本身、事件进程本身的辩证法就在于：有限自身的本性就是超越自己，否定自己的有限性，使自己成为无限。在有限性中就包含着无限性。形而上学的"恶无限性"则和有限性对立，和有限性没有联系，和有限性隔绝，似乎有限是此岸，而无限是彼岸，似乎无限站在有限之上，在有限之外。

事实上每个概念、每个范畴都是对立统一的。在度中结合着抽象地表现出来的质和量。具有一定的量的规定性的质，或具有一定的质的规定性的量，二者的统一就是度。度的概念体现着量变和质变的统一，渐进性和飞跃的统一。飞跃是渐进过程的中断，是向他物的变易，是一个度到另一个度的过渡。

（三）本质论部分的摘要和评语

《逻辑学》从"存在论"过渡到"本质论"，就是从事物的直接存在过渡到事物的内在根据，从直接认识转化到反思活动，从概念之间的过渡关系进展到概念之间的映现关系。"本质是一个反思的存在，一个映现他物的存在，也可以说，一个映现在他物中的存在。所以本质的范围又是发展了的矛盾的范围，这矛盾在存在范围内还是潜伏着的"[①]。列宁关于"本质化"部分的摘要和评语，集中地论述了辩证法的核心问题——矛盾问题。

1. 矛盾是对象本质自身的关系

存在是直接的东西，它包含着它所以存在的根据。在反思的活动中，本质作为存在的根据而构成认识的真实对象，直接性的存在就变成了"有之非有"，"存在着的无"即"假象"。"假象"就是在反思活动中被扬弃了的直接性的存在。"假象"具有如下的特性：就其被本质扬弃说，它是虚无性（不是思维的真实对象）；就其永远表现着本质说，它又是固存性（离开现象无法认识本质）；就其感性的直接性说，这是存在（感性认识的对象）；就其作为本质的表现而变化不居来说，它又是环节（本质的否定的本性）。假象的东西是本质的一个规定、本质的一个方面、

---

① ［德］黑格尔：《小逻辑》，贺麟译，商务印书馆1980年，第246页。

本质的一个环节。本质具有某种假象，假象是本质自身在自身中的表现。

假象作为直接性的多样性存在，固然处处都以矛盾为自己的内容，表现为复杂的矛盾现象，人们在经验常识和表象意识中就能够发现这些矛盾现象，承认矛盾的普遍性。但是，普遍的表象所抓到的是差别和矛盾，即它所注意的只是两种规定的相互对立，而不是一方向另一方的转化。这就仍然是把事物看成相互对立、非此即彼的存在，而不可能达到对立面统一的认识。

任何具体的东西、任何具体的事物，都是和其余的一切处于相异的并且常常是矛盾的关系中，因此，它们往往既是自身又是他物。矛盾是在其本质规定中的否定的东西，它是一切自己运动的原则，而自己运动就是矛盾的表现。就本来的意义说，辩证法就是研究对象本质自身中的矛盾。

2. 矛盾是对立面具体的同一

普通的表象所抓到的差别和矛盾，是外在的差别和抽象的同一。外在的差别就是多样性即"杂多"；抽象的同一则是排斥差别的"共同点"。而矛盾是内在的差别和具体的同一。内在的差别就是本质的差别、自身的差别；具体的同一则是包含差别和对立于自身、在矛盾发展中保持自身的同一。

对立面的具体的同一，需要各自持有的中介，或者它们在自身中就包含着这种中介。黑格尔常用的"环节"一词，就是指联系的环节、联结的环节。事物具有这样的特性：它能在他物中引出这个或那个东西，并在自己和他物的关系中以特有的方式显露出自己，许多不同的事物通过自己的特性而处于本质的相互作用中；特性就是这种相互关系本身。矛盾是这一事物对其他事物的多种多样的关系中的某种特定的关系；事物则是对立面的总和与统一。

3.思维的理性才能把握矛盾

普通的表象所抓到的是差别和矛盾，表达矛盾，使事物彼此关联，"使概念通过矛盾透露出来"，但不能表现事物及其关系的概念。思维的理性（智慧）使有差别的东西的已钝化的差别尖锐化，使表象的简单的多样性尖锐化，达到本质的差别，达到对立。只有那上升到矛盾顶峰的多样性在相互关系中才是活动的和活生生的，才能得到那作为自己运动和生命力的内部搏动的否定性。

思维的理性是以概念的矛盾运动来反映事物的矛盾运动的。辩证法就是研究万物之间的世界性的、全面的、活生生的联系，以及这种联系在人的概念中的反映。这些概念必须是经过琢磨的整理过的、灵活的、能动的、相对的、相互联系的、在对立中是统一的，这样才能把握世界。这种运用概念的艺术来源于对思维的历史和成就的总结。要继承黑格尔和马克思的事业，就应当辩证地研究人类思想、科学和技术的历史。

4. 事物矛盾运动的规律

规律和本质是表示人对现象、对世界等等的认识深化的同一类的（同一序列的）概念，是同等程度的概念。规律的概念是人对世界过程的统一和联系，是本质的现象，是宇宙运动中本质的东西的反映。规律就是关系。规律不是在现象的彼岸，而是现象直接固有的；规律又并非直接就是现象，而是现象的本质。规律把握住静止的东西，因此任何规律都是狭隘的、不完全的、近似的。

原因和结果只是各种事件的世界性的相互依存、普遍联系和相互联结的环节，只是物质发展这一链条上的环节。因果性只能片断地、断续地、不完全地表现世界联系的全面性和包罗万象的性质。因果关系的运动实际上是在不同的广度或深度上理解、把握内部联系的物质运动以及历史运动。我们通常所认知的因果性，只是世界性联系的一个极小部分；但它不是主观联系的一小部分，而是客观实在联系的一小部分。现实的各个环节的全部总和的展开，这才是辩证认识的本质。

（四）概念论部分摘要和评语之一：论概念辩证法

《逻辑学》的概念论部分是"绝对理念"逻辑发展的最高阶段、逻辑完成的阶段。"绝对理念"由存在论阶段的潜在的概念发展到本质论阶段的纯粹的概念，最后到概念论阶段成为具体的概念。这种具体的概念是直接性与间接性、自在性与自为性、主观性与客观性的统一。实际上，黑格尔是以神秘的形式讲述了认识的和思维的辩证运动。列宁在概念论部分的摘要和评语中，首先是集中地阐述了概念运动的辩证法。

1. 认识的本质和认识的辩证发展过程

认识是人对自然界的反映。但这并不是简单的、直接的、完全的反映，而是一系列的抽象过程，即概念、规律等等的构成、形成过程。这些概念和规律有条件地、近似地把握着永恒运动着的和发展着的自然界的普遍规律性。

人不能完全把握（反映、描绘）全部自然界，人在创立抽象、概念、规律、科学的世界图画等等时，只能永远地接近于这一点。

自然界在人的认识中的反映形式就是概念、规律、范畴等等。当思维从具体的东西上升到抽象的东西时，如果它是正确的，它就不是离开真理，而是迫近真理。物质的抽象、自然规律的抽象、价值的抽象等等，一句话，一切科学的而不是荒唐的抽象，都更深刻、更正确、更完全地反映着自然。从生动的直观到抽象的思维，并从抽象的思维到实践，这就是认识真理、认识客观实在的辩证的途径。

认识是思维对客体的永远的、没有止境的接近。自然界在人的思想中的反映，应当了解为不是"僵化的"，不是"抽象的"不是没有运动的，不是没有矛盾的，而是自在运动的永恒过程中，自在矛盾的产生和解决的永恒过程中的。

2. 客观世界的运动在概念运动中的反映

抽象的概念的形成及其运用，已经包含着关于世界客观联系的规律性的看法、信念、意识。即使是最简单的概括，即使是概念、判断、推理的最初的和最简单的形式，就已经意味着人对客观联系的认识是日益深刻的。人的概念就其抽象性、隔离性来说是主观的，就其整体、过程、总和、趋势、泉源来说则是客观的。否认概念的客观性、否认个别和特殊之中的一般性的客观性，是不可能的。

由于黑格尔探讨客观世界的运动在概念的运动中的反映，所以他比康德等人深刻得多。黑格尔在概念的辩证法中，即在一切概念的更换、相互依赖中，在它们的对立面的同一中，在一个概念向另一个概念的转化中，在概念的永恒的更换、运动中，天才地猜测到事物（现象、世界、自然界）的辩证法。在这里必须探求黑格尔逻辑学的真实的涵义、意义和作用。

每一概念都处在和其余一切概念的一定关系中、一定联系中。辩证法理论就是研究概念的相互依赖、一切概念的毫无例外的相互依赖、一个概念向另一个概念的转化、一切概念的毫无例外的转化、概念之间对立的相对性、概念之间对立面的同一。

列宁指出研究概念辩证法的意义在于："如果一切都发展着，那么这点是否也同思维的最一般的概念和范畴有关？如果无关，那就是说，思维和存在不相联系。如果有关，那就是说，存在着具有客观意义的概念的辩证法和认识的辩证法。问题不在于有没有运动，而在于如何在概念的逻辑中表达它。"①

概念（认识）在存在中（在直接的现象中）揭露本质（因果律、同一、差别等等）——整个人类认识（全部科学）的真正的一般进程就是如此。自然科学和政治经济学以及历史的进程也是如此。所以，黑格尔的辩证法是思想史的概括。从各门科学的历史上更具体更详尽地研究这点，会是一个极有裨益的任务。总的说来，在逻辑中思想史应当和思维规律相吻合。从逻辑的一般概念和范畴的发展与运用的观点出发的思想史——这才是需要的东西！

马克思把黑格尔辩证法的合理形式运用于政治经济学。不钻研和不理解黑格尔的全部逻辑学，就不能完全理解马克思的《资本论》——特别是它的第一章。

（五）概念论部分摘要和评语之二：论实践是思维和存在统一的基础

人的认识是思维向客体的接近过程；概念的辩证运动

---

① ［苏］列宁:《哲学笔记》，人民出版社1974年，第180页。

是客观世界的运动在思维中的反映。那么，思维向客体接近的基础是什么？概念辩证发展的动力是什么？检验思维与存在是否统一的标准是什么？列宁在概念论部分的摘要中，特别重视黑格尔的实践观，深入地阐发了实践范畴在认识论中的重要地位。

1. 黑格尔实践观的历史唯物主义的萌芽

黑格尔的"善"的概念是"对外部现实性的要求"。这就是说，"善"被理解为人的实践＝要求（1）和外部现实性（2）。黑格尔认为，人因自己的工具而具有支配外部自然界的力量；然而就自己的目的来说，他却是服从自然界的。这表明，历史唯物主义是在黑格尔那里处于萌芽状态的天才思想。

黑格尔通过人的实践的、合目的性的活动，接近于作为概念和客体的一致的"观念"，接近于作为真理的观念，极其接近于下述这点：人以自己的实践证明自己的观点、概念、知识、科学的客观正确性。在黑格尔那里，在分析认识过程中，实践是一个环节，并且也就是向客观的真理的过渡。因此，当马克思在《关于费尔巴哈的提纲》中把实践的标准列入认识论时，他的观点是直接和黑格尔接近的。

2. 实践是思维和存在统一的基础

人在自己的实践活动中面向着客观世界，以它为转移，以它来规定自己的活动。人的目的是客观世界所产生的，是以它为前提的。世界不会满足人，人决心以自己的行动来改变世界。人给自己构成世界的客观图画，他的活动改变外部现实，消灭它的规定性，即变更它的这些或那些方面、质，这样，也就去掉了它的假象、外在性和虚无性的特点，使它成为自在自为地存在着、客观真实的现实。实践高于理论的认识，因为它不但有普遍性的品格，而且还有直接现实性的品格。人的实践经过千百万次的重复，它在人的意识中以逻辑的格固定下来。这些格正是（而且只是）由于千百万次的重复才有着先入之见的巩固性和公理的性质，人的实践活动必须亿万次地使人的意识去重复各种不同的逻辑的格，以便这些格能够获得公理的意义。必须把认识和实践结合起来。

（六）概念论部分摘要和评语之三：论唯物辩证法的要素的核心

列宁认为，黑格尔对辩证法的规定是不明确的。列宁站在唯物主义的立场上，对辩证法理论进行总结，首先提出辩证法的三大要素，然后又较详细地把这些要素扩展为十六要素，最后又把辩证法简要地确定为关于对立面的统一的学说。在这部分的摘要和批注中，列宁突出地提出和论述了下面五个问题。

1. 辩证法与唯物论统一的原则

应当从事物的关系和它的发展去观察事物本身。这就是观察的客观性，这种客观性不是实例，不是技节之论，而是自在之物本身。

2. 事物普遍联系和自己运动的特征

这个事物对其他事物的多种多样的关系的全部总和。这个事物（或现象）的发展、它自身的运动、它自身的生命。每个事物（现象等等）是和其他的每个事物联系着的。

3. 事物运动、发展的根据和规律

事物中的内在矛盾的倾向（和方面），事物（现象等）是对立面的总和与统一，这些对立面、矛盾的趋向等等的斗争或展开，不仅是对立面的统一，而且是每个规定、质、特征、方面、特性向每个他者（向自己的对立面）的转化。内容和形式以及形式和内容的斗争。抛弃形式、改造内容。从量到质和从质到量的转化。在高级阶段上重复低级阶段的某些特征、特性等等，并且仿佛是向旧东西的回复（否定的否定）。

4.思维向客体接近的辩证方法和辩证途径

分析和综合的结合，即各个部分的分解和所有这些部分的总和、总计。揭露新的方面、关系等等的无限过程。人对事物、现象、过程等等的认识从现象到本质、从不甚深刻的本质到更深刻的本质的深化的无限过程。从并存到因果性，以及从联系和相互依存的一个形式到另一个更深刻更一般的形式。

5.对立统一学说是辩证法的核心

辩证法的诸要素并不是并列的关系，可以把辩证法简要地规定为关于对立面的统一的学说。这样就抓住辩证法的核心，可是这需要说明和发挥。

（七）概念论部分摘要和评语之四：论认识发展的圆圈运动

列宁明确地提出，辩证的否定不是徒然的否定。辩证法的特征的和本质的东西不是单纯的否定、徒然的否定，并不是怀疑的否定、动摇、疑惑（当然，辩证法自身包含着否定的因素，并且这是它的最重要的因素），并不是这些，而是作为联系环节、作为发展环节的否定，是保持着肯定的东西的，即没有任何动摇，没有任何折衷的否定。

一般说来，辩证法就在于否定第一个论点，用第二个论点去代替它（就在于前者转化为后者，在于指出前者和后者之间的联系等）。对于简单的和最初的第一个肯定的论断，辩证的否定指出差别、联系和转化。对于第二个否定的论点，辩证的否定之否定指出二者的统一，即指出否定的东西与东西的联系，指出这个肯定的东西存在于否定的东西之中，从肯定到否定，再从否定到与肯定的东西的统一，辩证的否定就不是空洞的否定，不是游戏或怀疑论。

这里重要的是：（1）辩证法的特征：自己运动、活动的泉源、生命和精神的运动，主体（人）的概念和实在的一致；（2）最高程度的客观主义（"最客观的环节"）。因此，黑格尔无情地斥责形式主义，痛骂玩弄辩证法的无聊、空洞。他认为辩证法所表达的是认识不断地在新的前提下向前推进。认识是从内容进展到内容。这个前提运动的特征就是：它从一些简单的规定性开始，而在这些规定性之后的规定性就愈来愈丰富，愈来愈具体。因为结果包含着自己的开端，而开端的运动用某种新的规定性丰富了它。在继续规定的每一个阶段上，普遍的东西不断提高它以前的全部内容，它不仅没有因其辩证的前进运动而丧失了什么，丢下了什么，而且还带着一切收获物，使自己的内部不断丰富和充实起来。辩证法所表达的就是充满内容的人类认识与具体的存在的联系及其统一的发展进程。

四、黑格尔《哲学史讲演录》一书摘要的基本思想

在黑格尔的全部哲学著作中,他的三部最重要的著作——《精神现象学》《逻辑学》和《哲学史讲演录》——是相互规定和相互阐释的,并由此构成了黑格尔的系统化的唯心主义辩证法理论。在黑格尔那里,《精神现象学》展现的是人类精神现象诸环节的自我展开;《逻辑学》展现的是人类概念运动诸环节的自我深化;《哲学史讲演录》展现的是人类文明进步诸环节的自我发展。列宁在研读和探索黑格尔的辩证法的过程中,不仅形成了关于《逻辑学》的摘要和评语,而且形成了关于《哲学史讲演录》的摘要和评语,并在这部分的评语中,提出了一系列重要的哲学思想。

列宁提出,黑格尔在哲学史中着重地探索辩证的东西。他认为,在古希腊哲学的埃利亚学派那里发现了辩证

法的开端,即纯粹的思维在概念中的运动的开端,同时还发现思维与现象或感性存在之间的对立。

埃利亚学派的主要代表人物之一的芝诺抽提出的"飞矢不动"的命题,并不是否认作为"感觉的确定性"的运动,而是发现了运动的现象同思维描述运动之间的矛盾。从现象上看,运动就是物体在某一瞬间在一个地方,在接着而来的另一瞬间则在另一个地方。但是,这种解释所描述的是运动的结果,而不是运动自身,它没有指出运动的可能性,而把运动描写成为一些静止状态的总和、联结,因此是不正确的。芝诺试图从运动的本质上理解运动的真实性,却由于不能在概念辩证法的高度去把握运动,而提出了"飞矢不动"这个错误的命题。这表明,问题不在于有没有运动,而在于如何在概念的逻辑中表达它。

理解运动,就是用概念的形式来表达运动的本质。表达这个本质的关键点有两个:不间断性和间断性。运动就是不间断性与间断性的统一。运动就是矛盾。而从来造成困难的总是思维,因为思维把一个对象的实际上联结在一起的各个环节彼此分隔开来考察。如果不把不间断的东西割断,不使活生生的东西简单化、粗糙化,不加以割碎,不使之僵化,那么我们就不能想象、表达、测量、描述运动。而要用概念的形式来表达运动的本质，又必须使割断的东西联系起来，使僵化的东西流变起来，因此，必须研究思维在概念中的运动。

在芝诺之后，黑格尔转而谈赫拉克利特。黑格尔认为，没有一个赫拉克利特的论点不被黑格尔采纳到他的逻辑学中。赫拉克利特提出，一切都是一物向他物的转化，是向自己的对立面的发展。

在分析芝诺、赫拉克利特以及柏拉图的辩证法时，黑格尔一再力图指出主观的、诡辩的辩证法与客观的辩证法之间的区别。他认为，芝诺的辩证法也可称为主观的辩证法，而赫拉克利特的辩证法则是客观的辩证法，即把辩证法视为事物自身的原则。

对于"发展原则"，在20世纪（以及19世纪末）"大家都已经同意"。不过这种表面的、未经深思熟虑的、偶然的、庸俗的"同意"，是一种窒息真理、使真理庸俗化的同意。如果一切都发展着，那么一切就都相互转化，因为发展显然不是简单的、普遍的和永恒的生长、增多（或减少）等等。既然如此，那就首先必须更确切地理解进化，把它看作一切事物的产生和消灭、互相转化。其次，如果一切都发展着，那么这点是否也同思维的最一般的概念和范畴有关？如果无关，那就是说，思维和存在不相联系。如果有关，那就是说，存在着具有客观意义的概念的辩证法和认识的辩证法。

人的概念并不是不动的，而是永恒运动的，相互转化的，往返流动的。否则，它们就不能反映活生生的生活。对概念的分析、研究，"运动概念的艺术"（恩格斯语），始终要求研究概念的运动、它们的联系、它们的相互转化。人的思想由现象到本质，由所谓初级的本质到二级的本质，这样不断地加深下去，以至于无穷。就本来的意义说，辩证法就是研究对象的本质自身中的矛盾。巧妙的运动概念不是天生就会的，而是自然科学和哲学两千年发展的结果。

五、黑格尔辩证法（逻辑学）的纲要的基本思想

在这份"纲要"中，列宁提出了两个重要思想：一是关于人类认识的一般进程的论述，二是关于《资本论》的"逻辑、辩证法和唯物主义的认识论"的"三者一致"的论述。下文着重地阐述列宁关于《资本论》的"三者一致"的哲学思想，并在这种阐发中深化对列宁所论述的人类认识的一般进程的理解。

列宁《哲学笔记》的辩证法思想，主要是在黑格尔《逻辑学》与马克思《资本论》双重语境的互动中形成的：一方面，列宁始终以"参看《资本论》"为出发点来探索黑格尔《逻辑学》的"真实意义"；另一方面，列宁又以"继承黑格尔和马克思的事业"的理论自觉而重新理解和阐释《资本论》。正是在《逻辑学》与《资本论》双重语境的互动中，形成了列宁《哲学笔记》的辩证法思想：唯

物主义的逻辑、辩证法和认识论"三者一致"的辩证法。

1. 怎样理解"辩证法是逻辑学"

列宁在《黑格尔辩证法(逻辑学)的纲要》中,作出一个结论性的论断:"在《资本论》中,唯物主义的逻辑、辩证法和认识论[不必要三个词:它们是同一个东西]都应用于一门科学,这种唯物主义从黑格尔那里吸取了全部有价值的东西并发展了这些有价值的东西。"①对于列宁的这个论断,人们感到最难于理解的,首先在于为什么说辩证法是逻辑学?

黑格尔把他的最重要的哲学著作称之为《逻辑学》,这本身就是耐人寻味的。在《黑格尔〈逻辑学〉一书摘要》中,列宁写下的第一句话是:"关于逻辑学说得很妙;这是一种'偏见',似乎它是'教人思维'的(犹如生理学是'教人消化'的??)。"②这句话所具有的振聋发聩的意义是显而易见的:人们通常都是把逻辑学视为"教人思维"的;但是,正如生理学并不是"教人消化"的,逻辑学也不是"教人思维"的;那么,不是教人思维的"逻辑学"究竟是什么?黑格尔《逻辑学》所论述的"逻辑"究

---

① 《列宁全集》第55卷,人民出版社1990年,第290页。
② [苏]列宁:《哲学笔记》,人民出版社1974年,第83页。

竟是什么？正是在对"逻辑"和"逻辑学"的重新思考中，列宁提出了为什么必须在逻辑学的意义上理解辩证法的一系列重要思想。

关于"逻辑"，列宁在摘录《逻辑学》第一版序言中的"逻辑学构成真正的形而上学或纯粹的、思辨的哲学"和"哲学不能由一门从属的科学——数学——取得自己的方法"以及"只有沿着这条自己构成自己的道路，哲学才能成为客观的、论证的科学"①这些论述之后，在《逻辑学》第二版序言的摘要中，以全方框方式写下"黑格尔则要求这样的逻辑：其中形式是具有内容的形式，是活生生的实在的内容的形式，是和内容不可分离地联系着的形式"②。接着，列宁同样以全方框方式写下具有结论性的评语："逻辑不是关于思维的外在形式的学说，而是关于'一切物质的、自然的和精神的事物'的发展规律的学说，即关于世界的全部具体内容及对它的认识的发展规律的学说，即对世界的认识的历史的总计、总和、结论。"③

列宁关于"逻辑"的上述评语，具有强烈的理论针对

---

① ［苏］列宁：《哲学笔记》，人民出版社1974年，第83、84页。
② ［苏］列宁：《哲学笔记》，人民出版社1974年，第89页。
③ ［苏］列宁：《哲学笔记》，人民出版社1974年，第89—90页。

性和深刻的思想内涵。早在1859年评论马克思的《政治经济学批判》时,恩格斯就犀利和辛辣地指出:"自从黑格尔逝世之后,把一门科学在其固有的内部联系中来阐述的尝试,几乎未曾有过。官方的黑格尔学派从老师的辩证法中只学会搬弄最简单的技巧,拿来到处应用,而且常常笨拙得可笑。对他们来说,黑格尔的全部遗产不过是可以用来套在任何论题上的刻板公式,不过是可以用来在缺乏思想和实证知识的时候及时搪塞一下的词汇语录。"①品味恩格斯的论述,我们可以深切地体会到,"辩证法"之所以被当成"可以用来套在任何论题上的刻板公式",之所以会变成"可以用来在缺乏思想和实证知识的时候及时搪塞一下的词汇语录",就在于把辩证法当成脱离思想内容的纯粹的"思维方法",当成只是"供使用"的"手段"。正是针对这个关系到对"辩证法"的根本性理解的重大问题,列宁特别重视《逻辑学》对"逻辑"的重新阐释,特别肯定黑格尔所论证的内容与形式相统一的"逻辑",特别强调"逻辑不是关于思维的外在形式的学说",而是"关于世界的全部具体内容及对它的认识的发展规律的学

---

① 《马克思恩格斯选集》第2卷,人民出版社1995年,第40页。

说"。正是这个意义上的"逻辑学",也就是作为关于"思维和存在的一致"即关于"真理"的"逻辑学",构成作为发展学说的"辩证法"。

在黑格尔看来,哲学作为"关于真理的科学"[①],它的根本性的内容与使命在于实现"思维和存在的一致";而人们对哲学的最大的误解,则在于或者把作为思维规定的"概念"当成离开整个世界和全部生活的空洞的"名称",或者把整个世界和全部生活当成离开"概念"的杂多的"表象",从而在"真理"的意义否定了"思维和存在的一致"[②]。具体言之,对"辩证法"的最大误解,莫过于把思想的内容与形式割裂开来、把概念的内涵与外延割裂开来、把哲学的理论与方法割裂开来,从而把作为世界观理论的"辩证法"当成没有思想内容、没有概念内涵、没有实证知识的"刻板公式"和"词汇语录"。这种根本性的误解,突出地表现在对辩证法的核心观念——"发展"的理解。列宁尖锐地指出:"对于'发展原则',在20世纪(以及19世纪末)'大家都已经同意'——是的,不过这种表面的、未经过深思熟虑的、偶然的、庸俗

---

① [德]黑格尔:《小逻辑》,贺麟译,商务印书馆1980年,第5页。
② [德]黑格尔:《小逻辑》,贺麟译,商务印书馆1980年,第41页。

的'同意',是一种窒息真理、使真理庸俗化的同意。——如果一切都发展着,那么一切就都相互转化,因为发展显然不是简单的、普遍的和永恒的生长、增多(或减少)等等。——既然如此,那就首先必须更确切地理解进化,把它看作一切事物的产生和消灭、互相转化。——其次,如果一切都发展着,那么这点是否也同思维的最一般的概念和范畴有关?如果无关,那就是说,思维和存在不相联系。如果有关,那就是说,存在着具有客观意义的概念的辩证法和认识的辩证法。"[1]对此,列宁还特别强调地写下:这是"关于辩证法及其客观意义的问题"[2]。

概念的辩证法和认识的辩证法之所以"具有客观意义",发展问题之所以"同思维的最一般的概念和范畴有关",是因为作为思维规定的概念和范畴既不是单纯的"思维形式"也不是"抽象的普遍性"。因此,真实地理解关于"发展"的"逻辑",就必须重新理解构成"逻辑"的"概念"和"范畴"。在肯定黑格尔所要求的内容与形式相统一的"逻辑",并作出"逻辑不是关于思维的外在形式的学说"的基础上,列宁提出"客观主义:思维的范

---

[1] [苏]列宁:《哲学笔记》,人民出版社1974年,第280页。
[2] [苏]列宁:《哲学笔记》,人民出版社1974年,第280页。

畴不是人的用具，而是自然的和人的规律性的表述"[①]，并以全方框方式对"范畴"作出如下的论断："在人面前是自然现象之网。本能的人，即野蛮人没有把自己同自然界区分开来。自觉的人则区分开来了，范畴是区分过程中的一些小阶段，即认识世界的过程中的一些小阶段，是帮助我们认识和掌握自然现象之网的网上纽结。"[②]这样的逻辑范畴就"不只是抽象的普遍，而且是自身还包含着特殊东西的丰富性的普遍"，由这样的逻辑范畴所展开的逻辑就"不是抽象的、僵死的、不动的，而是具体的"。正是基于这种理解，列宁在摘录黑格尔的这些论述后，写下了这样的评语："典型的特色！辩证法的精神和实质！"[③]

列宁的上述论断，并不是偶发的感慨，而是在"旧逻辑"与《逻辑学》的对比中作出的，即："在旧逻辑中，没有转化，没有发展（概念的和思维的），没有各部分之间的'内在的必然的联系'，也没有某些部分向另一些部分的'转化'"，而黑格尔的《逻辑学》则"提出两个基本的要求：（1）'联系的必然性'和（2）'差别的内在的

---

① ［苏］列宁：《哲学笔记》，人民出版社1974年，第87页。
② ［苏］列宁：《哲学笔记》，人民出版社1974年，第90页。
③ ［苏］列宁：《哲学笔记》，人民出版社1974年，第99页。

发生'"。列宁认为,黑格尔的这"两个基本的要求",正是深刻地体现了"辩证的东西='在对立面的统一中把握对立面'"①。因此列宁提出:"辩证法是一种学说。它研究对立面怎样才能够同一,是怎样(怎样成为)同一的——在什么条件下它们是相互转化而同一的,——为什么人的头脑不应该把这些对立面看作僵死的、凝固的东西,而应该看做活生生的、有条件的、活动的、互相转化的东西。"②列宁关于辩证法的上述论断告诉我们,"在对立面的统一中把握对立面",就必须掌握"具有客观意义"的概念的辩证法和认识的辩证法;而深刻地理解辩证法是逻辑学,则必须重新理解"逻辑"的现实表达——"概念"。

特别引人注目和发人深省的是,《哲学笔记》着力最多的主要内容,是在辩证法与逻辑学的一致中重新理解"概念"。列宁指出:"对通常看起来似乎是僵死的概念,黑格尔作了分析并指出,它们之中有着运动。有限的?——就是说,向终极运动着的!某物?——就是说,不是他物。一般存在?——就是说,是这样的不规定性,

---

① [苏]列宁:《哲学笔记》,人民出版社1974年,第97页。
② [苏]列宁:《哲学笔记》,人民出版社1974年,第111页。

以致存在＝非存在。概念的全面的、普遍的灵活性，达到了对立面同一的灵活性，——这就是实质所在。主观地运用的这种灵活性＝折衷主义与诡辩。客观地运用的灵活性，即反映物质过程的全面性及其统一的灵活性，就是辩证法，就是世界的永恒发展的正确反映。"①对此，列宁进而提出："（抽象的）概念的形成及其运用，已经包含着关于世界客观联系的规律性的看法、信念、意识。""否定概念的客观性、否定个别和特殊之中的一般性的客观性，是不可能的。由于黑格尔探讨客观世界的运动在概念的运动中的反映，所以他比康德等人深刻得多。"②在这段论述中，列宁还以《资本论》所阐述的商品为例，具体地指出："某种商品和其他商品交换的个别行为，作为一种简单的价值形式来说，其中就已经包含着资本主义的尚未展开的一切主要矛盾——即使是最简单的概括，即使是概念（判断、推理等等）的最初的和最简单的形成，就已经意味着人对于世界的客观联系的认识是日益深刻的。在这里必须探求黑格尔逻辑学的真实的涵义、意义和作用。"③由

---

① ［苏］列宁:《哲学笔记》，人民出版社1974年，第112页。
② ［苏］列宁:《哲学笔记》，人民出版社1974年，第189—190页。
③ ［苏］列宁:《哲学笔记》，人民出版社1974年，第190页。

此，列宁又进一步提出："当逻辑的概念还是'抽象的'，还具有抽象形式的时候，它们是主观的，但同时它们也反映着自在之物。自然界既是具体的又是抽象的，既是现象又是本质，既是瞬间又是关系。人的概念就其抽象性、隔离性来说是主观的，可是就整体、过程、总和、趋势、泉源来说却是客观的。"①对此，列宁还引证了《逻辑学》中的话："凡是没有思维和概念的对象，就是一个表象或者甚至只是一个名称；只有在思维和概念的规定中，对象才是它本来的那样"，并写下这样的评语："这是对的！表象和思想，二者的发展，而不是什么别的"②。正是基于对"概念"的上述理解，列宁在"辩证法是什么？"的标题下作出如下论断："概念的相互依赖"，"一切概念的毫无例外的相互依赖"，"一个概念向另一个概念的转化"，"一切概念的毫无例外的转化"，"概念之间对立的相对性"，"概念之间对立面的同一"③。

列宁对"概念"的阐释，不仅深切地揭示了逻辑学与辩证法的一致，而且深切地揭示了这种"一致"所具有的

---

① [苏]列宁:《哲学笔记》,人民出版社1974年,第223页。
② [苏]列宁:《哲学笔记》,人民出版社1974年,第242页。
③ [苏]列宁:《哲学笔记》,人民出版社1974年,第210页。

重大的哲学意义。在摘录黑格尔关于"理解运动，就是用概念的形式来表达运动的本质"之后，列宁写下"对！"的评论，并且进而作出这样的论断："问题不在于有没有运动，而在于如何在概念的逻辑中表达它。"[①]这是因为，只是肯定"运动"的经验事实，还仅仅是素朴实在论的反映论，"它描述的是运动的结果，而不是运动自身"，"它没有指出运动的可能性，它自身没有包含运动的可能性"，"它把运动描写成为一些静止状态的总和、联结"，而辩证的矛盾则"被掩盖、推开、隐藏、搁置起来"[②]。因此，只有在"概念的逻辑中"揭示"运动"的矛盾本质，才能"在对立面的统一中把握对立面"，才能构成作为理论思维的辩证法。

然而，正如黑格尔已经深刻揭示的，"从来造成困难的总是思维，因为思维把一个对象的实际上联结在一起的各个环节彼此分隔开来考察"。列宁由此提出："如果不把不间断的东西割断，不使活生生的东西简单化、粗糙化，不加以割碎，不使之僵化，那么我们就不能想象、表达、测量、描述运动。思维对运动的描述，总是粗糙化、僵

---

① ［苏］列宁：《哲学笔记》，人民出版社1974年，第281页。
② ［苏］列宁：《哲学笔记》，人民出版社1974年，第284—285页。

化。不仅思维是这样，而且感觉也是这样；不仅对运动是这样，而且对任何概念也都是这样。"① 正是由于"思维""概念"总是使"活生生的东西简单化、粗糙化""割碎"和"僵化"，因此，实现"思维和存在的一致"的辩证法，就必须达到"概念的全面的、普遍的灵活性，达到对立面同一的灵活性"②，"这些概念必须是经过琢磨的、整理过的、灵活的、能动的、相对的、相互联系的、在对立中是统一的"③。正是在辩证法与逻辑学相一致的意义上重新理解"概念"，列宁引证恩格斯的话说——辩证法就是"运用概念的艺术"④。

正是基于对辩证法必须是逻辑学的上述理解，也就是基于必须以思维的逻辑运动（概念的辩证法）去把握和描述事物的逻辑（存在的辩证法）才能实现"思维和存在的一致"的上述理解，列宁不仅肯定了"具有客观意义的概念的辩证法和认识的辩证法"，而且作出了一个令人惊叹的评语："聪明的唯心主义比愚蠢的唯物主义更接近于聪

---

① [苏]列宁:《哲学笔记》,人民出版社1974年,第285页。
② [苏]列宁:《哲学笔记》,人民出版社1974年,第112页。
③ [苏]列宁:《哲学笔记》,人民出版社1974年,第154页。
④ [苏]列宁:《哲学笔记》,人民出版社1974年,第277页。

明的唯物主义"①。对于这个评语，列宁的解释是："聪明的唯心主义这个词可以用辩证的唯心主义这个词来代替"，而"愚蠢的这个词可以用形而上学的、不发展的、僵死的、粗糙的、不动的这些词来代替"②。列宁的这个论断及其解释告诉我们，坚持和发展马克思主义的"聪明的唯物主义"，首先就必须深刻地理解黑格尔的"聪明的唯心主义"即"辩证的唯心主义"所提供的"概念的辩证法"，就必须真实地超越马克思所批评的"只是从客体的或者直观的形式"去理解"对象、现实、感性"的"从前的一切唯物主义"③，也就是真实地超越列宁所批评的"形而上学的、不发展的、僵死的、粗糙的、不动的"即"愚蠢的唯物主义"。而实现这种理论超越的前提，则是必须在"逻辑学"的意义上重新理解"辩证法"。

从马克思主义哲学发展史看，列宁关于辩证法就是逻辑学的思想，与恩格斯关于"思维和存在的一致"的思想是完全一致的。恩格斯说："我们的主观的思维和客观的世界遵循同一些规律，因而二者在其结果中最终不能互相

---

① [苏]列宁:《哲学笔记》,人民出版社1974年,第305页。
② [苏]列宁:《哲学笔记》,人民出版社1974年,第305页。
③ 《马克思恩格斯选集》第1卷,人民出版社1995年,第58页。

矛盾，而必须彼此一致，这个事实绝对地支配着我们的整个理论思维。这个事实是我们的理论思维的本能的和无条件的前提。18世纪的唯物主义，由于其本质上的形而上学的性质，只是从内容方面研究这个前提。它只限于证明一切思维和知识的内容都应当来源于感性的经验，并且重新提出下面这个命题：感觉中未曾有过的东西，理智中也不存在。只有现代的唯心主义的，同时也是辩证的哲学，特别是黑格尔，才又从形式方面研究了这个前提。"①正是由于旧唯物主义"只是从内容方面"研究"思维和存在的一致"，因而决定了"其本质上的形而上学的性质"；而"又从形式方面"研究"思维和存在的一致"的黑格尔哲学，则一方面是在辩证法与逻辑学的同一中构成了"辩证的哲学"，另一方面则是以唯心主义的神秘方式所构成的"聪明的唯心主义"。列宁强调《资本论》所实现的是"唯物主义的逻辑、辩证法和认识论"的"三者一致"，这既是充分地肯定马克思"从黑格尔那里吸取了全部有价值的东西"，又是深切地揭示马克思"发展了这些有价值的东西"，因而才实现了从"聪明的唯心主义"到"聪明的唯

---

① 《马克思恩格斯选集》第4卷，人民出版社1995年，第364页。

物主义"的飞跃。

2.怎样理解《资本论》的"同一个东西"

对于列宁来说,最大的理论问题莫过于究竟什么是马克思主义,最大的理论困惑莫过于为什么包括普列汉诺夫在内的马克思主义者并没有真正懂得马克思主义。列宁在《逻辑学》与《资本论》双重语境的互动中所阐发的"唯物主义的逻辑、辩证法和认识论"是"同一个东西"的重要思想,正是对上述两个问题的根本性回答。

列宁认为,辩证法不仅是马克思主义哲学中有决定意义的东西,而且是整个马克思主义的活的灵魂。然而,在恩格斯逝世以后,马克思的辩证法却遭到两个方面的严重歪曲:一方面"发展"这个概念当作时髦的旗号搞庸俗进化论;另一方面是把"辩证法"从黑格尔已经达到的自觉形态(唯心主义的逻辑、辩证法和认识论的"三者一致")降低为朴素、自发的东西即"实例的总和"。对于造成这种歪曲的重要理论根源,列宁明确和尖锐地指出:"不钻研和不理解黑格尔的全部逻辑学,就不能完全理解马克思的《资本论》,特别是它的第一章。因此,半个世纪以来，没有一个马克思主义者是理解马克思的!!"①。理解马克思，就必须理解马克思的《资本论》；而理解《资本论》，则必须"钻研和理解"黑格尔的《逻辑学》。列宁在《逻辑学》与《资本论》双重语境的互动中所作出的这个论断，要求我们真实地、深刻地理解《资本论》的"唯物主义的逻辑、辩证法和认识论"是"同一个东西"。

列宁是作为自觉的马克思主义者来阅读黑格尔的《逻辑学》，因此"总是竭力用唯物主义观点来读黑格尔的著作"，总是以"参看《资本论》"为出发点来思考《逻辑学》，从而在《逻辑学》与《资本论》双重语境的互动中得出一个根本性的结论，即："虽说马克思没有遗留下'逻辑'（大写字母的），但他遗留下《资本论》的逻辑，应当充分地利用这种逻辑来解决这一问题。在《资本论》中，唯物主义的逻辑、辩证法和认识论［不必要三个词：它们是同一个东西］都应于一门科学，这种唯物主义从黑格尔那里吸取了全部有价值的东西并发展了这些有价值的东西"②。因此，深入地阐释列宁《哲学笔记》的"三者一致"的辩证法，必须具体地阐述《资本论》的作为"同

---

① ［苏］列宁：《哲学笔记》，人民出版社1974年，第191页。
② 《列宁全集》第55卷，人民出版社1990年，第290页。

一个东西"的"唯物主义的逻辑、辩证法和认识论"。

《资本论》的"唯物主义的逻辑、辩证法和认识论"作为"同一个东西",具有深刻的、具体的思想内涵：第一,《资本论》直接呈现的是由一系列经济范畴所构成的理论体系,离开这些经济范畴及其逻辑关系就不存在《资本论》的理论体系,在这个意义上,《资本论》就是关于资本运动的"逻辑";第二,构成《资本论》的经济范畴及其逻辑体系,又是马克思自觉地以思维的规定把握现实的规定的产物,离开思维对现实的认识论自觉,就不可能真正地理解和把握《资本论》的逻辑体系,在这个意义上,《资本论》又是关于资本运动的"认识论";第三,《资本论》以思维的规定所把握的现实的规定,是在商品、货币、资本、地租、利润的"物和物"的关系中所掩盖的"人和人"的关系,它的"经济范畴只不过是生产的社会关系的理论表现"[①],离开"人们的现实生活过程",就不可能真正地理解商品、货币、资本、地租、利润等全部经济范畴及其逻辑关系,在这个意义上,《资本论》又是体

---

① 《马克思恩格斯选集》第1卷,人民出版社1995年,第141页。

现"思维和存在的一致"的"辩证法"①。这表明，《资本论》所体现的"同一个东西"，既是吸收了黑格尔的"全部有价值的东西"——把辩证法、认识论和逻辑学作为"同一个东西"而研究和阐述资本运动的逻辑，更是"发展了这些有价值的东西"——以马克思的唯物主义为前提和基础的"同一个东西"。这就要求我们从"唯物主义的逻辑、辩证法和认识论"的"三者一致"去理解和把握马克思的《资本论》。

在《资本论》的开头，马克思就明确地提出："资本主义生产方式占统治地位的社会的财富，表现为'庞大的商品堆积'，单个的商品表现为这种财富的元素形式。因此，我们的研究就从分析商品开始。"②而在《哲学笔记》中，列宁首先关注的就是普遍与特殊的辩证关系，特别是在"商品"这个"元素形式"中所体现的这种辩证关系。在《逻辑学》导言部分的摘要中，列宁就以全方框方式写下："绝妙的公式：'不只是抽象的普遍，而且是自身体现着特殊、个体、个别东西的丰富性的这种普遍'（特殊的

---

① 孙正聿：《"现实的历史"：〈资本论〉的存在论》，《中国社会科学》2010年第2期。
② 《马克思恩格斯全集》第44卷，人民出版社2001年，第47页。

和个别的东西的全部丰富性)!! 好极了!"①而在总结性的短文《谈谈辩证法问题》中,对于《资本论》关于"商品"的这个"开端"思想,列宁的评论是:"马克思在《资本论》中首先分析资产阶级社会(商品社会)里最简单、最普通、最基本、最常见、最平凡、碰到过亿万次的关系——商品交换。这一分析从这个最简单的现象中(从资产阶级社会的这个'细胞'中)揭示出现代社会的一切矛盾(或一切矛盾的胚芽)。往后的叙述向我们表明这些矛盾和这个社会的发展,在这个社会的各个部分总和中的、从这个社会的开始到终结的发展(既是生长又是运动)。"②在这里,列宁不只是在"唯物主义的逻辑、辩证法和认识论"是"同一个东西"的意义上深刻地阐释了《资本论》所体现的普通与特殊的辩证法,而且在"同一个东西"的意义上深刻地阐述了《资本论》所体现的"一般辩证法的阐述(以及研究)方法"——从抽象到具体的辩证法、历史与逻辑相统一的辩证法。

在《哲学笔记》中,列宁不仅从商品自身的"普遍与特殊"的辩证关系来阐述《资本论》的诸范畴,而且从认

---

① [苏]列宁:《哲学笔记》,人民出版社1974年,第98页。
② [苏]列宁:《哲学笔记》,人民出版社1974年,第409页。

识的一般进程来看待《资本论》的逻辑。在《黑格尔辩证法（逻辑学）的纲要》中，列宁写下："概念（认识）在存在中（在直接的现象中）揭露本质（因果律、同一、差别等等）——整个人类认识（全部科学）的真正的一般进程就是如此。自然科学和政治经济学［以及历史］的进程也是如此。所以，黑格尔的辩证法是思想史的概括。从各门科学的历史上更具体地更详尽地研究这点，会是一个极有裨益的任务。总的说来，在逻辑中思想史应当和思维规律相吻合。"①对此，列宁还具体地写下："商品—货币—资本""绝对剩余价值的生产""相对剩余价值的生产""资本主义的历史和对于概述资本主义历史的那些概念的分析"②，"开始是最简单的、普通的、常见的、直接的'存在'，个别的商品（政治经济学中的'存在'）。把它当作社会关系来加以分析。两种分析：演绎的和归纳的，——逻辑的和历史的（价值形式）。""在这里，在每一步分析中，都用事实即用实践来进行检验。"③在这里，列宁通过对《资本论》逻辑结构的概括，展现了《资本

---

① ［苏］列宁：《哲学笔记》，人民出版社1974年，第355页。
② ［苏］列宁：《哲学笔记》，人民出版社1974年，第357页。
③ ［苏］列宁：《哲学笔记》，人民出版社1974年，第357页。

论》的辩证法、认识论和逻辑学的"三者一致"。

列宁认为,《资本论》作为"逻辑",是"因为每一门科学都要以思想和概念的形式来表述自己的对象"(黑格尔),因此"任何科学都是应用逻辑"[①]。《资本论》所揭示的资本运动的逻辑,就是马克思以经济范畴(商品、货币、资本等)的逻辑运动所把握到的资本运动的逻辑,也就是马克思以思维的规定所把握到的"现实的历史"的规定。列宁在《逻辑学》"本质论"的摘要中,在摘录黑格尔关于"思辨的思维就在于它能把握住矛盾,又能在矛盾中把握住自身,而不是像表象那样受矛盾支配,并且让矛盾把自己的规定不是化为他物就是化为无"之后,写下这样的评语:"必须揭发、理解、拯救、解脱、清洗这种实质,马克思和恩格斯就做到了这一点。"[②]在《资本论》中,马克思正是以"矛盾"的具体的规定性来分析商品作为使用价值和交换价值的二重性,并进而分析形成商品二重性的劳动的二重性,从而构成了马克思政治经济学的劳动价值论,以及在此基础上构成的剩余价值论。列宁认为,《资本论》的这种研究方式和叙述方式,正是表明

---

① [苏]列宁:《哲学笔记》,人民出版社1974年,第216页。
② [苏]列宁:《哲学笔记》,人民出版社1974年,第147页。

"马克思把黑格尔辩证法的合理形式运用于政治经济学"①。

3. 怎样理解《资本论》发展了黑格尔的"有价值的东西"

马克思《资本论》的辩证法、认识论和逻辑学的三者一致,是在黑格尔《逻辑学》以唯心主义为基础所实现的"三者一致"的基础上,以马克思恩格斯所创建的"现代唯物主义"的基础上的"三者一致",因此,列宁在以"参看《资本论》"为出发点而阅读《逻辑学》的过程中,特别关注的是马克思"从黑格尔和费尔巴哈继续向前的运动,从唯心主义辩证法到唯物主义辩证法的前进运动"②,特别强调的是马克思"从黑格尔那里吸取了全部有价值的东西并发展了这些有价值的东西"③。这表明,深刻地理解《资本论》所实现的"唯物主义的逻辑、辩证法和认识论"的"三者一致",最为根本的问题是在于:第一,马克思从黑格尔那里所汲取的"全部有价值的东西"究竟是什么?第二,马克思怎样"发展了这些有价值的东西"?

---

① [苏]列宁:《哲学笔记》,人民出版社1974年,第190页。
② [苏]列宁:《哲学笔记》,人民出版社1974年,第336页。
③ [苏]列宁:《哲学笔记》,人民出版社1974年,第290页。

黑格尔《逻辑学》的概念辩证法的主要价值在于两个方面：一是以"联系的普遍性"和"差别的内在的发生"为内容，批判了把概念当成"抽象的普遍性"的观点，深刻地论证了概念的"具体性"；二是以思维规定在认识发展中的自我扬弃为内容，批判了把概念当成"僵死的"和"不动的"的观念，深刻地论证了概念的"否定性"。马克思对这两个方面的发展，一是把黑格尔的概念的具体性唯物主义地变革为思维反映存在所构成的具体性，二是把黑格尔的概念的否定性唯物主义地变革为辩证法的本质上的批判性和革命性。而这两方面的变革，则奠基于人类的实践活动所实现的人对世界的否定性统一的历史过程。在《资本论》第二版跋中，马克思明确地指出："我的辩证方法，从根本上说，不仅和黑格尔的辩证方法不同，而且和它截然相反。在黑格尔看来，思维过程，即他称为观念而甚至把它转化为独立主体的思维过程，是现实事物的创造主，而现实事物只是思维过程的外部表现。我的看法则相反，观念的东西不外是移入人的头脑并在人的头脑中改造过的物质的东西而已。"[①]与此同时，马克思又明确地指

---

① 《马克思恩格斯选集》第2卷，人民出版社1995年，第111页。

出:"辩证法,在其合理的形态上",是"在对现存事物的肯定的理解中同时包含对现存事物的否定的理解,即对现存事物的必然灭亡的理解;辩证法对每一种既成的形式都是从不断的运动中,因而也是从它的暂时性方面去理解;辩证法不崇拜任何东西,按其本质来说,它是批判的和革命的"①。这清楚地表明,马克思在《资本论》中提出了关于辩证法的两个根本性论断:一是观念决定现实还是现实决定观念,这是黑格尔的辩证法与马克思的辩证法的根本区别;二是合理形态的辩证法不仅肯定现实决定观念,而且在本质上是批判的和革命的。列宁在《哲学笔记》中首先强调的就是"我总是竭力用唯物主义观点来读黑格尔的著作",并明确指出"黑格尔学说是倒置过来的唯物主义"②。列宁由此提出,马克思和恩格斯在"揭发、理解、拯救、解脱、清洗"③黑格尔学说的唯心主义的过程中,既"拯救"和"清洗"了黑格尔的天才的基本的思想,即关于"万物之间的世界性的、全面的、活生生的联系,以及联系在人的概念中的反映"的思想,又真正地实现了以

---

① 《马克思恩格斯选集》第2卷,人民出版社1995年,第111—112页。
② [苏]列宁:《哲学笔记》,人民出版社1974年,第104页。
③ [苏]列宁:《哲学笔记》,人民出版社1974年,第147页。

"经过琢磨的、整理过的、灵活的、能动的、相对的、相互联系的、在对立中是统一的"概念去"把握世界",因而才构成了《资本论》的唯物主义的逻辑、辩证法和认识论的"同一个东西"。

《资本论》的"同一个东西"的辩证法,从根本上说,是超越了作为"实例的总和"或"抽象的方法"的辩证法,也就是超越了以直观反映论为基础的朴素的辩证法。这是列宁在《逻辑学》与《资本论》双重语境互动中所形成的最为重要的思想。在《哲学笔记》中,列宁以"异常正确和深刻"为评语,完整地摘录了黑格尔的下述言论:"所谓对于被列为定理的具体材料的说明和论证,一部分是同语反复,一部分是对事物真实情况的歪曲,这种歪曲部分地是为了掩盖认识的虚妄,这种认识片面地挑选经验,唯有这样它才能获得自己的简单的定义和原理。它是这样地消除来自经验的反驳意见的,它不是从经验的具体的整体来了解和解释经验,而是把它作为一个例子,并且从对假说和理论有利的方面去理解和解释它。在具体经验从属于预先假设的各规定的情形下,理论的基础就被蒙蔽，它只是从符合理论的这一方面显露出来。"①对于所引证的这段论述，列宁又在与《资本论》相对照的意义上写下这样的评语："参看资产阶级的政治经济学。"②这就是说，"资产阶级的政治经济学"的重大理论缺陷，是以"片面地挑选经验"为前提而形成的"定理"，而超越了"资产阶级的政治经济学"的《资本论》，它所实现的"唯物主义的逻辑、辩证法和认识论"的"三者一致"，从根本上说，就在于它不是"片面地挑选经验"，不是把"具体经验从属于预先假设的各规定"，因而既不是关于资本主义的"实例的总和"，也不是以某种"刻板公式"来诠释资本主义，而是"从经验的具体的整体来了解和解释经验"，也就是以"理性的具体"所实现的关于资本主义的"许多规定的综合"和"多样性的统一"③。这才是《资本论》的"唯物主义的逻辑、辩证法和认识论"作为"同一个东西"的"合理形态"的辩证法。

---

① ［苏］列宁：《哲学笔记》，人民出版社1974年，第225—226页。
② ［苏］列宁：《哲学笔记》，人民出版社1974年，第226页。
③ 《马克思恩格斯选集》第2卷，人民出版社1995年，第18页。

六、哲学思维的理论自觉

列宁的《谈谈辩证法问题》及其在《哲学笔记》中的相关论述,深刻地论证了辩证法也就是马克思主义的认识论,从而揭示了辩证法的理论性质、丰富内容和巨大价值,在马克思主义哲学发展史上、特别是在马克思主义辩证法发展史上,具有重大意义并且产生了深远影响。

辩证法与认识论的统一,是整部《哲学笔记》的基本出发点和贯彻始终的基本思想。在《谈谈辩证法问题》一文中,列宁总结性地提出了"辩证法也就是(黑格尔和)马克思主义的认识论"这一著名论断。列宁的这个论断,主要不是针对形而上学的旧唯物论,而是针对自命为马克思主义者的第二国际的首领和普列汉诺夫等人对辩证法的歪曲,批判他们把辩证法归结为"实例"的总和;列宁的这个论断,主要不是强调必须把辩证法应用于反映论,而是强调从辩证法的理论性质上把它与认识论统一起来，才能懂得什么是马克思主义的认识论和辩证法。列宁极为清醒和深刻地指出，既然连普列汉诺夫都不理解马克思主义的认识论和辩证法之间的关系，都不理解必须用辩证法、认识论和逻辑学相统一的概念发展体系去解决哲学的基本问题，就充分地说明了理解这个问题的巨大困难和论证这个问题的极端重要。正因如此，列宁才在全面总结哲学史、特别是在深入钻研黑格尔哲学的基础上，作出了辩证法也就是认识论的论断，从理论性质上把辩证法归结为认识论。

在《哲学笔记》中，列宁对自己的这一论断作出了多方面的、充分的、深入的论证和发挥。这主要包括：辩证法与形而上学是两种认识观点、两种认识学说、两种思维方式的对立；辩证法的思维方式最根本的就是要求人们用对立统一的观点去看待世界、分析事物；辩证法的理论内容直接地产生于对人类认识史的总结；对于辩证法理论的正确性，也不能满足于实例的证明，而必须用整个的认识史和科学史来检验，等等。列宁的这些论证和发挥，不仅具体地阐发了辩证法的理论性质，而且深刻地揭示了辩证法的理论内容，有针对性地破解了人们对辩证法的种种误解,对于后人自觉地运用唯物辩证法分析、回答和解决问题具有极为重要的、方向性的指导意义。

第一,由于不是从"唯物主义的逻辑、辩证法和认识论"的"三者一致"去理解辩证法,因而离开作为哲学的重大的基本问题的"思维和存在的关系问题",把辩证法当作"实例的总和"和"抽象的方法",并把马克思主义的辩证法"还原"为朴素辩证法和把马克思主义认识论"还原"为直观反映论。

在总结哲学史的基础上,恩格斯作出一个高度概括的论断:"全部哲学,特别是近代哲学的重大的基本问题,是思维和存在的关系问题。"[1]然而,在关于哲学基本问题的通常解释中,却把"思维和存在的关系问题"分解为"谁为第一性"(谁为本原)的"本体论问题"和"有无同一性"(思维能否认识存在)的"认识论"问题,从而把"辩证法"变成与"思维和存在的关系问题"无关的另一类问题,即把"辩证法"归结为一种关于自然、社会和思维的具有最大普遍性和最大普适性的对象性理论。其结果就不仅割裂了辩证法的世界观、认识论和方法论的统一,

---

[1] 《马克思恩格斯选集》第4卷,人民出版社1995年,第223页。

而且把辩证法变成列宁在《哲学笔记》中所批评的"实例的总和"。而把辩证法当成"实例的总和"的直接后果，就是把辩证法当成可以到处套用的"刻板公式"。

按照恩格斯的看法，辩证法是"一种建立在通晓思维的历史和成就的基础上的理论思维"，它具有深厚的认识史基础和具体的思想内容。正是由于把辩证法当作"实例的总和"，因而又离开"思维的历史和成就"即离开辩证法的深厚的认识史基础去看待辩证法，把辩证法当作可以离开思想内容的"供使用"的"方法"，以至于像恩格斯尖锐批评的那样，把辩证法当成"可以用来套在任何论题上的刻板公式""可以用来在缺乏思想和实证知识的时候及时搪塞一下的词汇语录"。由此我们可以看到曲解辩证法的"两极相通"：把辩证法当作"实例的总和"，必然把辩证法当作超然于"实例的总和"之上的"供使用"的"方法"即"刻板公式"；而把辩证法当作"供使用"的"方法"，又必然把辩证法诉诸"实例的总和"，以自然、社会和思维中的各种"实例"来说明"对立统一""质量互变"和"否定之否定"的普遍性和普适性。这种"实例总和"与"刻板公式"的"两极相通"，其深层的理论根源，就在于离开"思维和存在的关系问题"去看待辩证法，也就是离开认识的"反映"原则和"能动"原则的辩证关系，把马克思主义认识论"还原"为直观的反映论，并把马克思主义辩证法"还原"为朴素的辩证法。

关于"从前的一切唯物主义"的"主要缺点"，马克思所指认的是"对对象、现实、感性，只是从客体的或者直观的形式去理解"①，恩格斯所指认的是"只是从内容方面研究""思维和存在的一致"这个"前提"②；与"从前的一切唯物主义"相对照，关于"唯心主义"的积极意义，马克思所指认的是"和唯物主义相反，能动的方面却被唯心主义抽象地发展了"③，恩格斯所指认的是"只有现代的唯心主义的，同时也是辩证的哲学，特别是黑格尔，才又从形式方面研究了""思维和存在的一致"这个"前提"。与马克思和恩格斯的上述思想一脉相承，列宁通过阅读黑格尔的《逻辑学》，根据马克思恩格斯所批评的"从前的一切唯物主义"的"主要缺点"，把旧唯物主义称之为"愚蠢的唯物主义"，并把"辩证的唯心主义"称之为"聪明的唯心主义"。列宁由此得出的结论是，"聪明的

---

① 《马克思恩格斯选集》第1卷，人民出版社1995年，第54页。
② 《马克思恩格斯选集》第4卷，人民出版社1995年，第364页。
③ 《马克思恩格斯选集》第1卷，人民出版社1995年，第54页。

唯心主义比愚蠢的唯物主义更接近于聪明的唯物主义"①。

根据马克思、恩格斯和列宁的上述思想，理所当然地必须以"聪明的唯物主义"去理解马克思主义的认识论。然而，正是由于不理解"聪明的唯心主义"，特别是不理解黑格尔《逻辑学》的辩证法、认识论和逻辑学"三者一致"的"聪明的唯心主义"，人们往往把马克思主义的"聪明的唯物主义"还原为旧唯物主义的"愚蠢的唯物主义"，把马克思主义的能动的反映论还原为旧唯物主义的直观反映论。这不仅表现在"不能把辩证法应用于反映论，应用于认识的过程和发展"，而且更深层地表现在不理解"辩证法是人类的全部认识所固有的"，不理解"具有客观意义的概念的辩证法和认识的辩证法"，不理解"问题不在于有没有运动，而在于如何在概念的逻辑中表达它"，因此，"不是从主体方面去理解""对象、现实、感性"，从而在根本上达不到从"能动的方面"去理解认识论问题。与此同时，正是由于把马克思主义的能动的反映论还原为"从前的一切唯物主义"的直观的反映论，因而又必然把马克思主义的辩证法还原为朴素的辩证法，把

---

① ［苏］列宁：《哲学笔记》，人民出版社1974年，第305页。

辩证法当作"抽象的方法"和"实例的总和"。这表明，达不到"唯物主义的逻辑、辩证法和认识论"的"三者一致"，不仅会造成把辩证法当成"实例的总和"和把辩证法当成"抽象的方法"的"两极相通"，而且还必然造成把马克思主义认识论还原为直观反映论与把马克思主义辩证法还原为朴素辩证法的"双重还原"。

第二，由于不是从"唯物主义的逻辑、辩证法和认识论"的"三者一致"去理解辩证法，因而离开"思维和存在的一致"的"统一原则"去看待"发展原则"，把辩证法的"发展学说"庸俗化。

辩证法是关于发展的学说，然而，马克思主义以前的哲学理论，却表现为两种片面的发展学说：一种是在经验、表象的层面上描述运动和变化，而不懂得"如何在概念的逻辑中"揭示"运动的本质"的旧唯物主义的"发展学说"，因而它所能达到的只是作为"实例的总和"的朴素的辩证法；另一种是在思维、概念的层次上说明思维的辩证本性和描述概念的辩证运动的唯心主义的"发展学说"，因而它所能达到的只是作为"无人身的理性"的自我运动和自我认识的辩证法，这种辩证法既是自觉形态的辩证法，又是神秘形态的辩证法，而不是《资本论》的

"合理形态"的辩证法。

这两种片面的发展学说,其直接的理论根源仍然在于旧唯物主义和唯心主义"只是"分别地从"内容"或"形式"方面去看待"思维和存在的一致"。旧唯物主义只是从"内容"方面而没有从"形式"方面去看待"思维和存在的一致",因而只能是在经验、表象的层面上描述运动和变化,而无法以"具有客观意义的概念的辩证法和认识的辩证法"去把握"发展";唯心主义只是从"形式"方面而没有从"内容"方面去看待"思维和存在的一致",因而只能是在思维、概念的层面上去揭示思维的辩证本性和概念的辩证运动,而无法把握"发展"的现实。从深层的理论根源上看,马克思主义以前的旧哲学之所以"只能"是两种片面的"发展学说",是因为二者都不懂得"思维和存在的一致"的现实基础——人类的实践活动及其历史发展。列宁明确提出,思维与存在的"交错点＝人的和人类历史的实践"[1]。人类思维的最本质最切近的基础是人类自己的实践活动。只有把实践范畴合理地理解为辩证法的基础范畴,从人的实践活动及其历史发展的内在

---

[1] 《列宁全集》第55卷,人民出版社1990年,第239页。

矛盾出发去反思思维与存在的关系问题，才能合理地说明思维对存在的否定性统一关系，即说明思维和存在在发展中的统一和在统一中的发展。

在人类的实践活动中，"存在"既是作为思维反映的现实客体而存在，又是作为思维的目的性要求的对象而存在。作为思维反映的现实客体，"存在"既规范思维的活动和内容，又被思维改造成逻辑范畴及其所构成的逻辑运动，从而构成思维中的具体；作为思维的目的性要求的对象，"存在"既是思维要求改变的现实对象，又是被思维否定的非现实的存在（人在自己的思维中为自己绘制关于客观世界的图景，并确信自己的现实性和存在的非现实性）。人类的实践活动是一个历史的展开过程。在这个历史的展开过程中，思维和存在及其相互关系都是发展的，而不是某种给定的、既成的、僵化的存在。从"思维"说，"人在怎样的程度上学会改变自然界，人的智力就在怎样的程度上发展起来"[1]；从"存在"说，人的"周围的感性世界绝不是某种开天辟地以来就直接存在的、始终如一的东西，而是工业和社会状况的产物，是世世代代活

---

[1] 《马克思恩格斯选集》第4卷，人民出版社1995年，第329页。

动的结果"①；从思维和存在的"关系"说，由于人的实践活动的历史发展改变了"思维"和"存在"，因而也同时地发展了思维与存在之间的"关系"，使这种关系取得了愈来愈丰富、愈来愈深刻的现实内容。正是由于人类的实践活动及其历史发展不断地变革了"思维"和"存在"及其相互"关系"，因此，必须从"发展"去理解"统一"，又从"统一"去理解"发展"。如果像旧唯物主义和唯心主义那样，把思维和存在及其相互关系抽象化，或者离开思维主体的历史性而把思维与存在的统一当成"表象"与"对象"的一致，或者抽象地发挥思维的能动性而把思维与存在的统一当成"思维规定"的自我认识，怎么能真实地提出和正确地回答辩证法理论的"发展原则"呢？辩证法理论的"发展原则"和"统一原则"，是以人类的实践活动及其历史发展所造成的思维与存在的发展中的统一和统一中的发展为现实内容的、是通过对思维和存在的关系问题的实践论批判而取得现实性的。因此，"合理形态"的辩证法是在马克思所开拓的实践转向的哲学道路中而实现为"最完备最深刻最无片面性的关于发展的学

---

① 《马克思恩格斯选集》第1卷，人民出版社1995年，第76页。

说"①。离开"思维和存在的关系问题",离开对这个"重大的基本问题"的实践论理解,必然把辩证法的"发展学说"庸俗化。

第三,由于不是从"唯物主义的逻辑、辩证法和认识论"的"三者一致"去理解辩证法,把辩证法、认识论和逻辑学视为三个不同论域或三个不同层次的问题,因此不仅曲解了列宁的"三者一致"的辩证法思想,而且实际上否定了《资本论》所实现的"三者一致"。

在通常的解释模式中,所谓辩证法、认识论和逻辑学的"三者一致",具体地表现为下述方式:辩证法作为关于自然、社会和思维发展的普遍规律的学说,它包含着认识论和逻辑学;认识论作为关于思维与存在如何统一的学说,它既被包含于辩证法之中而又包含着逻辑学;逻辑学作为关于思维本身的学说,则直接地被包含于认识论之中并从而被包含于辩证法之中。在这种解释模式中,辩证法、认识论和逻辑学首先是关于三个不同层次的论域的理论,其次则是作为三个不同层次的论域的理论具有依次的包含关系。这种解释模式,与列宁的"三者一致"思想,

---

① 《列宁选集》第2卷,人民出版社1995年,第310页。

是完全不同的。

在列宁看来,"问题的本质"是在于能否从恩格斯所概括的哲学基本问题即"思维和存在的关系问题"去理解全部哲学问题,因此,所谓辩证法、认识论和逻辑学的"三者一致",就在于它们是"同一个东西"——关于"思维和存在的关系问题"的哲学理论。而马克思主义哲学所实现的"唯物主义的逻辑、辩证法和认识论"的"三者一致"则具体地表现为以下三个方面:由于马克思主义哲学所揭示的思维自觉反映存在运动的规律凝聚着、积淀着人类在其前进的发展中所创建的全部科学反映世界的认识成果,是"对世界的认识的历史的总计、总和、结论",因此,在其客观内容和普遍意义上说,马克思主义哲学就是关于自然、社会和思维发展的普遍规律的理论即唯物主义的辩证法的世界观;由于马克思主义哲学从认识和实践的主体与客体交互作用的丰富关系及其历史发展来研究思维自觉反映存在运动的规律,为人类的全部历史活动提供认识基础,因此,就其基本问题和理论性质上看,它就是关于思维与存在统一规律的理论即唯物主义辩证法的认识论;由于马克思主义哲学所揭示的思维自觉反映存在运动的规律既是对思维的历史和成就的总结，又是思维自觉地向存在接近和逼近的方法，因此，就其理论价值和社会功能上看，它又是人类认识世界和改造世界的伟大工具即唯物主义辩证法的逻辑学或方法论。"唯物主义的逻辑、辩证法和认识论"是"同一个东西"，而不是三个论域或三个层次的理论，因而也不是以论域大小为根据的依次包含关系。在通常的三个论域及其所构成的包含关系的解释模式中，辩证法、认识论和逻辑学不仅不是"同一个东西"，反而成了完全不同的"三个东西"。这种解释模式是把马克思主义的辩证法还原为"实例的总和"的辩证法，是把马克思主义的认识论还原为"直观"的反映论的产物。

列宁阅读《逻辑学》，是以理解《资本论》为出发点的，也就是以理解马克思主义为出发点的，因此他在《哲学笔记》所得出的基本结论是《资本论》实现了"唯物主义的逻辑、辩证法和认识论"的"三者一致"。然而，人们在对《资本论》的阐释中，却往往简单化地把《资本论》的辩证法当作是一种"供使用"的"方法"，或者是一种构成体系的由抽象到具体的叙述方式，因而以直观反映论的认识论去看待《资本论》的经济范畴与其对象之间的关系，并从而把《资本论》归结为某种"非批判的实证主义"。这种理解方式表明，不理解马克思的《资本论》对黑格尔的逻辑学的批判继承关系，不理解马克思的《资本论》的"唯物主义的逻辑、辩证法和认识论"是"同一个东西"，就无法真正理解《资本论》本身。

在《资本论》第一版序言中，马克思就明确地指出，"分析经济形式，既不能用显微镜，也不能用化学试剂。二者都必须用抽象力来代替"①。必须用抽象力来研究政治经济学的根据是在于，"经济范畴只不过是生产与社会关系的理论表现，即其抽象"②。而马克思所用的"抽象力"并不是"抽象"的思想，而是列宁在《哲学笔记》中所阐发的"具有客观意义的概念的辩证法和认识的辩证法"，也就是把作为"同一个东西"的"唯物主义的逻辑、辩证法和认识论""都应用于同一门科学"。这正如马克思在《〈政治经济学批判〉导言》中明确指出的，如果从所谓的现实的前提即人口入手进行研究，那么研究对象就只是"关于整体的一个混沌的表象"，而只有"从表象中的具体达到越来越稀薄的抽象"，才能最终达到"具有许多

---

① 《马克思恩格斯选集》第2卷，人民出版社1995年，第99—100页。
② 《马克思恩格斯选集》第1卷，人民出版社1995年，第141页。

规定和关系的丰富的总体"①。这就是说,从人本身出发而考察人,只能是从抽象的人出发而形成对人的抽象的理解,只有从关于人的各种规定出发才能形成对人的具体的理解,只有展现经济范畴所构成的具体才能构成把握人的存在的"理性的具体"。诉诸《资本论》,我们可以看到,马克思破解劳动秘密的直接对象并不是劳动本身,而是劳动所创造的商品。《资本论》通过阐发商品的二重性而揭示劳动的二重性,又通过揭示劳动的二重性而凸显人的存在的二重性,从而在物与物的关系中揭示出人与人的关系。《资本论》从"最简单的规定"即"商品"出发,以"具有客观意义的概念的辩证法和认识的辩证法"去把握"现实的历史",从而以经济范畴的辩证发展而展现了资本运动的"许多规定和关系的丰富的总和"。这才是《资本论》的"唯物主义的逻辑、辩证法和认识论"的"同一个东西"。

第四,由于不是从"唯物主义的逻辑、辩证法和认识论"的"三者一致"去理解辩证法,因而达不到哲学思维的理论自觉,以至于把列宁的"三者一致"的辩证法归结

---

① 《马克思恩格斯选集》第2卷,人民出版社1995年,第17—18页。

为只是西方近代哲学形态的"认识论的辩证法"。

作为哲学基本问题的"思维和存在的关系问题",既不是全部哲学问题中的"一个问题",也不是哲学问题的各个方面中的"一个方面",而是列宁所说的哲学"问题的本质",即规定哲学的特殊的理论性质的问题、规定哲学作为人类把握世界的一种基本方式的问题。或者反过来说,一个问题之所以成为哲学问题,就在于它是从思维对存在的关系提出问题,就在于它揭示了这个问题所蕴含的"思维和存在的关系问题",离开思维对存在的关系问题而探讨"自然""社会"或"思维"的问题,那就是实证科学的问题而不是哲学意义(哲学层面)的问题。这表明,只有达到对"思维和存在的关系问题"的理论自觉,才能达到哲学思维的理论自觉。

"唯物主义的逻辑、辩证法和认识论"的"三者一致",是以这种哲学思维的理论自觉为前提的,也就是以辩证法、认识论和逻辑学是"同一个东西"——关于"思维和存在的关系问题"的哲学理论——为前提的。包括普列汉诺夫在内的理论家们之所以把"辩证法也就是认识论"当成"问题的一个'方面'",之所以把马克思主义辩证法当成"实例的总和"和"抽象的方法",之所以把马克思主义认识论还原为直观反映论，之所以把辩证法、认识论和逻辑学的"三者一致"当成三个层次论域的"包含关系"，之所以把"从黑格尔那里吸取了全部有价值的东西并发展了这些有价值的东西"的《资本论》经验化和实证化，其最深层的理论根源，都在于没有理解哲学的特殊的理论性质，因而也没有达到哲学思维的理论自觉。

正是由于不是从哲学的理论特性而是从哲学的历史形态去理解"思维和存在的关系问题"，因而把这个哲学的"重大的基本问题"归结为哲学的一种历史形态——西方近代哲学——的"基本问题"，并因而把关于"思维和存在的关系问题"的哲学理论——辩证法、认识论和逻辑学"三者一致"的辩证法——归结为西方近代哲学形态意义上的"认识论的辩证法"，也就是把这个"三者一致"的辩证法归结为一种已经过时的辩证法的理论形态。这表明，如何理解马克思《资本论》的"唯物主义的逻辑、辩证法和认识论"是"同一个东西"，如何看待列宁在《逻辑学》与《资本论》双重语境互动中所阐发的"三者一致"辩证法思想，如何阐述马克思的唯物主义"从黑格尔那里吸取了全部有价值的东西并发展了这些有价值的东西"，不仅需要深入地探索《逻辑学》《资本论》和《哲学笔记》的辩证法，而且需要在反思全部哲学史的基础上，重新理解和阐释作为哲学的重大的基本问题的"思维和存在的关系问题"。因此，从"问题的本质"上看，只有以哲学思维的理论自觉为前提，才能推进马克思主义辩证法研究。

七、《谈谈辩证法问题》的现实意义

列宁《哲学笔记》是一部内容极为丰富的哲学巨著,几乎涉及了哲学各个领域的重大问题,特别是集中地探索了辩证法问题。《谈谈辩证法问题》一文是对这个探索的重要成果的总结和概括。在这部哲学巨著中,列宁批判地研究了哲学史上辩证思想的卓越代表人物的著作,全面地探讨了辩证法的理论性质、理论内容和发展方向,特别突出地提出了辩证法的实质和核心、特征和要素,以及辩证法、认识论和逻辑学三者一致等重大理论问题,表现了列宁在新的历史时代发展马克思主义哲学的方向、途径和主要内容,不仅为发展辩证法理论提出了一系列重大的研究课题,而且为把握和解决当代的重大现实问题提供了极其重要的辩证智慧和实践智慧。

（一）辩证法研究的当代课题

《哲学笔记》是列宁哲学思想的"实验室"，为辩证法研究提出了一系列时代性课题。

《哲学笔记》不是一部为了公开发表的理论著作，其具有显著的探索性、研究性等特点。这些特点既造成了对《哲学笔记》评价上的争议，更引发了人们对它的特殊的理论兴趣。从评价上说，原来认为《哲学笔记》只不过是读书的摘录和评注，属于尚未成熟的思想，因而没有给予应有的重视。自其面世以来，特别是自20世纪80年代以来，通过对它的深入研究，越来越认识到《哲学笔记》在整个哲学发展史上，特别是在马克思主义哲学发展史上的独特的重要地位和重大意义。

《哲学笔记》在马克思主义哲学发展史上的独特的重大价值，首先在于它具体而生动地反映出列宁对问题探索的实际过程以及研究问题的方法和态度。它可以说是列宁哲学思想的"实验室"。进入这个"实验室"，我们会深切地体会到俄国伟大诗人普希金的一句名言："跟随伟大人物的思想是最引人入胜的科学。"正是在这部笔记性质的著作中，列宁为后人提出了一系列发展马克思主义哲学的重大研究课题，并为后人研究这些课题提供了巨大的思索的空间、想象的空间、创造的空间；正是在这部笔记性质的著作中，列宁充分地展现了他在理论探索中的实事求是的学风、大胆创新的气魄和革命批判的精神，为后人的理论研究提供了光彩照人的典范；正是在这部笔记性质的著作中，我们可以具体地把握到列宁是怎样研究哲学问题的，是如何对待哲学家的研究成果的，是怎样引申和发挥自己的独立见解的，是怎样逐步形成自己的思想体系的，从而为我们的理论研究提供了极富启发性的"思想实验室"。

爱因斯坦说过，"提出一个问题比解决一个问题更重要"。《哲学笔记》不只是全面地研究了辩证法理论的实质和核心、要素和特征、理论性质和理论功能，从而回答和解决了一系列前人提出的或遗留的重大问题；而且深刻地揭示了辩证法理论研究中尚未得到解释和论证的新问题，从而为后人进一步"说明和发挥"唯物辩证法开辟了广阔的道路，显示了《哲学笔记》的特别突出的当代价值。

第一，仅就辩证法研究说，我们可以在《哲学笔记》中归纳出如下的重大问题：怎样"说明和发挥"对立统一学说是辩证法的实质和核心；如何在概念的逻辑中去表达存在的运动；怎样从逻辑的一般概念和范畴的发展与运用的观点去总结思想史；思维向客体接近的过程和阶段如何描述和划分；怎样正确而全面地评价唯心主义哲学；为什么聪明的唯心主义比愚蠢的唯物主义更接近于聪明的唯物主义；怎样理解黑格尔逻辑学的唯心主义最少而唯物主义最多；黑格尔哲学中究竟包含哪些辩证唯物主义和历史唯物主义的"萌芽"；如何研究构成辩证法和认识论的知识领域；怎样结合科学史和现代科学去概括科学抽象的辩证运动；人类认识的辩证本性与辩证法的思维方式是何关系；怎样理解和描述人类实践活动的合规律性和合目的性的统一；怎样理解和实现辩证法、唯物主义认识论和逻辑学的统一；怎样理解和阐述马克思的《资本论》的逻辑；怎样理解和阐述马克思"从黑格尔那里吸取了全部有价值的东西并发展了这些有价值的东西"；怎样运用辩证法理论去指导科学研究活动；如何把辩证法变成人们的普遍的思维方式；怎样依据《哲学笔记》的构想去建设唯物辩证法的当代理论形态；等等。列宁在《哲学笔记》中提出的这些主要问题，不仅为当代的辩证法研究提出了一系列的重大课题，而且为发展马克思主义哲学开辟了道路。

第二，《哲学笔记》系统地探索了辩证法理论的特征和要素，为建设唯物辩证法的理论体系奠定了基础，并为深入地探索辩证法的"实质"和构建唯物辩证法的理论体系提出了一系列重要问题。唯物辩证法作为最完整、最深刻而毫无片面性弊病的发展学说，它到底包括哪些基本内容？这是列宁极为关注的问题，也是《哲学笔记》深入探索并作出创造性回答的问题。在《卡尔·马克思》一文中，列宁曾对马克思创立的唯物辩证法的基本内容作出如下的概括："发展似乎是重复以往的阶段，但那是另一种重复，是在更高基础上的重复（'否定的否定'），发展是按所谓螺旋式而不是直线式进行的；发展是飞跃式的、剧变的、革命的；'渐进过程的中断'；量到质的转化；对某一物体、或在某一现象范畴内或在某个社会内部发生作用的各种力量和趋势的矛盾或冲突造成发展的内因；每种现象的一切方面（而历史不断揭示出新的方面），都是相互依存的，彼此有极其密切而不可分割的联系，形成统一的、有规律的世界运动过程，——这就是辩证法这一内容更丰富的（比通常的）发展学说的几个特点"。而在《哲学笔记》中，列宁又进一步系统地提出了辩证法的十六要素，从而把辩证法理论的内容具体化了，为建设唯物辩证法的理论体系提供了总体的轮廓和雏形。依据列宁的思想，构建马克思主义辩证法的理论体系，是辩证法研究的又一个当代重大课题。

第三，由于列宁是从辩证法、认识论和逻辑学三者统一的观点去理解辩证法的理论内容，所以，列宁提出的唯物辩证法理论体系的雏形，并不是一个静态的结构模式，而是一个动态的、开放的理论体系。这个理论系统的基本内容是同人类思想史、科学和技术的历史密不可分。列宁说，"辩证法是活生生的、多方面的（方面的数目永远增加着的）认识，其中包括着无数的各式各样观察现实、接近现实的成分……"人类思想、科学和技术的历史发展为人类提供不断增加的认识成分，辩证法理论的现实内容来源于人类的历史进步。哲学运用辩证的思维方式去概括和总结科学自身所具有的认识论意义，使之升华为思维反映存在运动的规律，从而历史地丰富了辩证法的理论内容。正因如此，列宁才强调地指出："要继承黑格尔和马克思的事业，就应当辩证地研究人类思想、科学和技术的历史。"从对整个人类认识史和自己时代的科学成果的总结中去丰富唯物辩证法的理论内容，使辩证法的理论体系永远处于生机勃勃的动态发展过程之中，这是列宁为发展辩证法理论指出的广阔道路。

自《哲学笔记》问世以来，马克思主义者一直在研究列宁提出的这些重大课题。许多研究列宁哲学思想的论著，从不同的角度、在不同的程度上研究了列宁所提出的重大问题，并形成了一系列有分量的研究成果。然而，如何在人类当代的认识成果的基础上，在与当代各种哲学思潮的撞击中，切实地回答和深化列宁所提出的重大课题，仍然是在当代发展马克思主义辩证法理论的重大任务。

（二）辩证法的发展观与对新发展理念的哲学理解

列宁对马克思主义辩证法的独特贡献，首先是从发展观内部创造性地推进了唯物辩证法，并为深入地探索辩证法的发展观提出了一系列重要问题。这对于深刻理解科学发展观和"创新、协调、绿色、开放、共享"的新发展理念，对于深刻理解中国特色社会主义发展道路，具有重要的现实意义。

辩证法是马克思和恩格斯全部思想的集结点，是马克思主义哲学中有决定性意义的东西，是整个马克思主义学说的活的灵魂。用辩证法去分析问题，是马克思和恩格斯在思想史上最重要的贡献。他们通过对黑格尔辩证法的唯物主义改造，使之变成科学认识的武器，这就是马克思主义的唯物辩证法。

马克思和恩格斯作为唯物辩证法的创始人，他们的研究重点是从黑格尔哲学中挖掘其合理的内核，把辩证法放到唯物主义的基础上加以改造，找到黑格尔概念辩证法的客观基础。同时，他们运用唯物辩证法去解决当时的实际问题和理论问题，改造政治经济学和社会主义学说，创建科学的社会主义理论。全面系统地论证唯物辩证法的发展观，则是他们遗留给后继者的历史任务。然而，在恩格斯逝世以后，唯物辩证法却遭到了两个方面的严重歪曲：一是把"发展"这个概念当作时髦的旗号搞庸俗进化论，二是为贬低马克思和恩格斯所创立的唯物辩证法而贬低黑格尔的概念辩证法，把辩证法从自觉形态降低为朴素、自发的东西即实例的总和。为了捍卫发展唯物辩证法，列宁承担起了相互联系的两个方面的历史任务：一是从发展观内部去区别辩证法和形而上学，揭示辩证法理论的实质；二是从黑格尔哲学的"真实意义"上去阐述它的辩证唯物主义和历史唯物主义的"萌芽"，并在这个意义上把马克思和黑格尔相提并论，反对从黑格尔那里倒退，进一步探索从黑格尔那里前进的途径。这两个任务的统一，就是深入地研究黑格尔哲学，从发展观内容创造性地推进唯物辩证法理论。

为了从发展观内部区别辩证法和形而上学，列宁创造性地提出了辩证法的实质和核心问题。他说，"统一物之分为两个部分，以及对它的矛盾着的部分的认识……，是辩证法的实质"；"可以把辩证法简要地确定为关于对立面的统一的学说。这样就会抓住辩证法的核心，可是这需要说明和发挥。"整部的《哲学笔记》就是围绕辩证法的"实质"和"核心"展开的。为了深入揭示这个关于"对立面的统一的学说"的丰富内容，列宁具体地探讨了对立面怎样才能够同一、对立面是怎样成为同一的、人如何在概念中正确地反映和运用对立面的同一性，对立面的同一与对立面的斗争的关系、辩证的转化与非辩证的转化的区别，以及对立统一学说的表述及其在整个辩证法理论中的地位和作用问题等。这样，列宁关于发展是对立面的统一的学说，就深刻地揭示了辩证法与形而上学这两种发展观的根本对立，彻底批判了庸俗进化论的错误，从发展观内部发展了唯物辩证法。

"发展才是硬道理"。这是当代中国改革开放和建设中国特色社会主义的基本理念。这个基本理念改变了中国，使中国实现了举世瞩目的发展。正是在发展的过程中，面对各种新的机遇和挑战，不断地深化了对发展的认识，形成了指导全部工作的科学发展观。"科学发展观"的第一要义是发展，核心是以人为本，基本要求是全面协调可持续，根本方法是统筹兼顾。这是建设中国特色社会主义的伟大的战略思想。以"实践的唯物主义"为基本理念的当代中国哲学，在新的世纪所展开的关于"发展"的哲学研究中，为深入理解和贯彻落实科学发展观，提供了重要的理论支持。

在哲学的层面上研究"发展"，我们首先关切的是"发展观"。"发展"，这并不只是对人与社会的存在状态和存在过程的描述，而且是对人与社会的存在状态和存在过程的评价。"发展"与"发展观"是密不可分的。"发展观"，是基于对"发展"的评价标准而构成的在实践中作出顺序性选择与安排的关于发展的思想理论。因此，"发展观"总是与"发展"的状况和水平密不可分的。

在集中地阐述人类社会发展规律的时候，马克思明确地提出，"人类始终只提出自己能够解决的任务，因为只要仔细考察就可以发现，任务本身，只有在解决它的物质条件已经存在或者至少是在生成过程中的时候,才会产生"①。建设中国特色的社会主义的伟大实践是前无古人的,我们是"摸着石头过河"的。在百废待兴的改革开放之初,我们对"发展"的要求,首先必须是"加速发展"。正是在"加速发展"的过程中,不仅为"又好又快"地发展奠定了坚实的物质基础,也为形成"又好又快"的发展理念奠定了坚实的思想基础。我们今天所形成的科学发展观,我们所提出的以人为本,全面、协调、可持续发展的历史任务,是以当代中国的现实为依据的。改革开放以来的中国取得了前所未有的巨大的历史进步。正因为中国的经济发展到了现在的规模、程度和水平,才能凝练出以人为本的科学发展观,提出全面、协调、可持续发展的历史任务。

进入21世纪,站在新的历史起点上,这不仅标志中国社会的巨大进步,也意味着跨入新世纪的中国要面对新的问题。20世纪80年代,中国经济社会的基本特点是经济的发展比较自然地带来了社会的进步,经济与社会的发展大体上是同步的。从20世纪90年代以来,中国开始面对经

---

① 《马克思恩格斯选集》第2卷,人民出版社1995年,第33页。

济与社会发展的不平衡，东西的差距拉大了，城乡的差距拉大了，贫富的差距拉大了，这意味着经济的发展并不必然地、并不自然地带来社会的全面进步和人的全面发展。经济与社会的全面协调可持续发展成为最严峻的迫切问题。

以理论的方式面对现实，中国哲学界以"实践的唯物主义"的基本理念思考社会发展中的深层次矛盾，更为深入地探索了历史的发展规律。人类历史的一个突出特征在于，"片面性"是它的"发展形式"，即历史总是以某种"退步"的形式而实现自身的"进步"。历史过程中的任何进步都要付出相应的"代价"，任何"正面效应"都会伴生相应的"负面效应"，任何"整体利益"的实现都意味着某些"局部利益"的牺牲，任何"长远利益"的追求都意味着某些"暂时利益"的舍弃，由此便造成了反观历史的"大尺度"与"小尺度"的矛盾。历史的"大尺度"，就是以人的"根本利益""长远利益""整体利益"为出发点的反观历史的尺度；与此相对应，历史的"小尺度"，则是以人的"非根本利益""暂时利益""局部利益"为出发点的规范人的历史活动的尺度。因此，在推进当代中国历史发展的过程中，需要深刻地理解以人为本的发展理念所蕴含的历史尺度，在历史的"大尺度"与"小尺度"之间保持必要的张力并实现微妙的平衡，从而自觉地促进当代中国的全面、协调和可持续发展，并为实现人的全面发展创造新的历史条件。

从人与自然的关系说，恩格斯早就警告我们，"不要过分陶醉于我们人类对自然界的胜利。对于每一次这样的胜利，自然界都对我们进行报复。每一次胜利，起初确实取得了我们预期的结果，但是往后和再往后却发生完全不同的、出乎预料的影响，常常把最初的结果又消除了"①。破坏人类赖以生存的家园，就必然威胁人类自身的生存与发展。如何协调人与自然的关系，实现可持续发展，已经成为"发展"的最为严峻的迫切问题。从人与社会的关系说，马克思曾把市场经济概括为"以物的依赖性为基础的人的独立性"。在体制的意义上，经济全球化首先是市场经济及其原则的全球化。市场经济按照自己的要求去塑造全部的社会生活，也就把市场经济的等价交换、优胜劣汰的原则融入整个社会生活，这不仅塑造了人的"独立性"，而且构成了人对"物"的依赖关系。利益最大化的逻辑，

---

① 《马克思恩格斯选集》第4卷，人民出版社1995年，第383页。

构成了现代社会的生存逻辑。世界各国在现代化的过程中，都出现了严峻的问题，突出地表现为经济的增长并不必然地带来社会的全面的进步，而且还表现为以巨大的社会代价和生态的破坏来换取经济的增长，因此自20世纪中叶以来，随着发展问题日益成为人类社会面临的重大而迫切的问题，形成了各种形态的社会发展理论，对发展的哲学反思和科学研究，已经成为哲学和科学的"显学"。

在《哲学笔记》中，特别是在《谈谈辩证法问题》一文中，列宁深刻地阐述了如何以"对立统一学说"分析问题，特别是如何以"矛盾"的观点去看待"发展"问题。"发展"问题蕴含着一对根本性的矛盾，这就是发展的"标准"与"选择"问题。"以人为本"和"又好又快"的发展理念的理论意义和实践意义，在于它为发展确立了明确的标准，为发展中的思想和行为的选择提供了最根本的依据，即我们的"发展"必须是以人为本的"又好又快"的发展，必须是"全面、协调、可持续"的发展。这个发展理念的实践意义是巨大的。人的实践活动，是把人的目的性要求变为现实的活动；目的性，是实践活动的灵魂。对人来说，发展并不是一个单纯的事实判断，而是某种目的、理想、价值的实现。发展是实现了的目的、理想和价值。正因如此，确立发展的标准，并依据发展的标准而确认实践中的价值排序和行为选择，就具有不容回避和不可忽视的巨大的实践意义。

理论不仅是"指导"实践的，也是"反驳"实践的，即理论不仅规范和引导人们"做什么"，而且规范和引导人们"不做什么"。现代科学和现代哲学有一个认识论上的共识，就是"观察渗透理论"。这个共识告诉我们，人们总是以某种理论、观念去观察现实，并用这种理论、观念规范自己所要解决的问题，以及解决问题的途径与方式。

党的十八届五中全会提出的创新、协调、绿色、开放、共享的新发展理念，以强烈的问题意识深刻地总结了改革开放以来我国发展经验，集中地回答了"实现什么样的发展、怎样发展"这个根本问题，是当代中国的发展之道，并为创建人类文明新形态提供了具有世界意义的新的发展理念。以新发展理念探索和回答重大的理论问题和实践问题，才能切实地推进中国特色社会主义建设，并为创建人类文明新形态作出我们的贡献。重新研读列宁的《谈谈辩证法问题》，以辩证法的发展观去深化对新发展理念的理解，需要我们深入地思考下述问题。

一是凝练和探索新发展理念的重大理论问题。列宁认为，人给自己构成世界的客观图画，理论是构成实践活动中的目的性要求和理想性图景的深层依据，它的概念系统引导人们在实践中达到新的世界图景，并认同新的价值追求。因此，在现代化的进程中，不仅需要技术创新和制度创新，而且需要理论创新，特别是思想原则、哲学理念的创新，从而实现人类文明形态的变革，推进社会的全面进步和人的全面发展。习近平总书记提出，"古往今来，中华民族之所以在世界有地位、有影响，不是靠穷兵黩武，不是靠对外扩张，而是靠中华文化的强大感召力和吸引力"①。探索表征人类文明的发展理念，以新发展理念凸显当代中华文化感召力和吸引力，创建人类文明的新形态，是当代中国的最为根本的"思想力"和最为重要的"软实力"。为此，马克思主义理论研究应着重研究新发展理念。例如，新发展理念的内在逻辑与方法论；新发展理念与"四个全面"的战略思想；新发展理念与社会主义的本质要求；新发展理念与社会主义核心价值观；新发展理念与马克思主义的理论创新；新发展理念与人类命运共同

---

① 《习近平在文艺工作座谈会上的讲话》，《人民日报》2015年10月15日，第02版。

体；新发展理念与创建人类文明新形态。

二是以新发展理念探索和破解重大的现实问题。现代化的历史进程全面地改变了人与世界的关系，要求以新发展理念重新阐释人类面对的新问题：第一，从人与自然的关系说，现代化所构成的最为严峻和最为紧迫的时代性问题是可持续发展问题；第二，从人与社会的关系说，现代化所构成的最为严峻和最为紧迫的时代性问题是由资本的逻辑所构成的人对物的依赖关系问题；第三，从人与自我的关系说，现代化所构成的最为严峻和最为紧迫的时代性问题则是虚无主义的文化危机问题。对"现代化"的反省，是对当代人类实践活动所构成的人与世界关系的全面反省；解决"现代化问题"，是对人类文明新形态的寻求；探索人类文明的新形态，需要理念创新。新发展理念是逻辑严谨的辩证有机系统。创新发展是增强发展的动力，协调发展，是增强发展的平衡性，绿色发展是保障发展的可持续性，开放发展是实现发展的内外联动，共享发展是确认发展的目标。这表明，新发展理念是相互贯通和相互促进的。面对当代中国的现实，我们更需要以创新、协调、绿色、开放、共享的新发展理念去探索下述重大问题：如何以新发展理念推进国家创新战略上的突破，在技术革命和产业升级中实现生产力的全面跃升；如何以新发展理念推进我国社会主义现代化建设的合理布局，实现我国经济社会和不同地区的协调发展；如何以新发展理念增强全体人民的"绿色"观念，实现可持续发展；如何以新发展理念增强全体人民的"开放"意识，在"合作共赢"中谋求中国经济社会发展的更为广阔的空间；如何以新发展理念使人民群众最大限度地共享改革开放和经济社会发展的成果，切实地体现社会主义的本质，实现"人民对美好生活的向往"。

三是以新发展理念推进马克思主义基础理论研究。任何重大的理论问题都源于重大的现实问题，任何重大的现实问题都深层地蕴含重大的理论问题。推进马克思主义基础理论研究，关键在于从重大的现实问题中发现、揭示和探索重大的理论问题。以新发展理念为聚焦点，可以形成推进马克思主义基础理论研究的一系列重大课题：马克思主义的世界观与发展观；历史唯物主义与新发展理念；新发展理念与马克思主义的辩证思维；新发展理论与马克思主义认识论；新发展理念与马克思主义政治经济学；新发展理念与科学社会主义；新发展理念与人的全面发展；新发展理念与中国特色社会主义道路。从全球的视野看，当代人类选择什么样的文明？各个国家选择什么样的发展道路？每个人选择什么样的生活方式？这是我们时代的最为根本的现实问题和理论问题。为选择而反思标准，从而塑造和引导新的时代精神，这是马克思主义对当代人类实践的最为重要的理论支撑。马克思主义的现实力量就在于，它赋予人民群众的历史创造活动以理想和信念，它赋予社会主义运动以最坚实的理论支撑。以新发展理念赋予马克思主义基础理论以新的时代内涵，为发展马克思主义构建新的"阶梯"和"支撑点"，是推进马克思主义理论研究的重大任务。

（三）把握和解决时代性问题的辩证智慧和实践智慧

"每一个时代的理论思维，包括我们这个时代的理论思维，都是一种历史的产物，它在不同的时代具有完全不同的形式，同时具有完全不同的内容"[①]。反思当代辩证

---

① 《马克思恩格斯选集》第4卷，人民出版社1995年，第284页。

法理论的生活基础,把握当代辩证法理论的总体特征,探索当代辩证法理论的主要内容,是马克思主义辩证法研究的基础性的当代课题。列宁的辩证法思想的重大现实意义,就在于它为我们把握和解决当代的时代性问题提供了宝贵的辩证智慧和实践智慧。

1. 反思当代辩证法理论的生活基础

当代社会生活和当代社会思潮的首要特征可以称之为"两极对立模式的消解"。在以自然经济为基础的传统社会中,人们的经济生活、政治生活、文化生活和精神生活都处于两极对立的状态之中,人们总是以两极对立的思维方式去思考一切问题。传统哲学作为传统社会的"思想中的现实",它集中地体现了这种两极对立的生存方式及其思维方式,总是试图在真与假、善与恶、美与丑的绝对对立中去寻求某种绝对的确定性。由于传统哲学总是把这种绝对的确定性对象化为某种确定的存在并使之神圣化,从而造成了马克思所说的"人在神圣形象中的自我异化"。现代的市场经济、科技文明和大众文化则不仅日益深刻地消解掉了这些"神圣形象"的灵光,而且日益深刻地反省造成人的自我异化的"非神圣形象",使得人们的生存方式发生了"从两极到中介"的变革:当代世界政治模式的多元化和多极性，当代经济模式的"经济全球化"趋势，当代世界多元文化模式的共存、交流与融合。这种"两极对立模式的消解"，使人类从两极对立、非此即彼的生存方式和思维方式中解放出来，无疑是人类历史的巨大进步。它标志现代社会与传统社会的本质区别，并成为当代辩证法理论的真正的、坚实的社会生活基础。然而，由于"两极对立模式的消解"消解掉了传统社会所悬设和承诺的绝对确定的种种思想的根据、价值的尺度和行为的标准，因此，面对这种"两极对立模式消解"的社会思潮，又需要当代哲学重新寻求人的思想与行为的根据、尺度和标准，也就是以理论的方式重新确立人的"安身立命"之本。这表明，当代社会生活的深刻变革，既构成了当代辩证法理论的真实的生活基础，也为当代辩证法理论提出了迫切的理论问题。

现代社会的人的存在方式的变革，从其最具基础性和普遍性的内容和方式上看，可以概括为"非日常生活的日常化"。这主要表现在日常经验科学化、日常消遣文化化、日常交往社交化、日常行为法治化以及农村生活城市化等方面。而从深层上看，非日常生活的日常化过程，则是人的世界图景、思维方式和价值观念的变革与重建的过程。

这正如恩格斯所指出的,常识思维方式及其所构成的世界图景一旦进入非日常生活的"广阔的研究领域",就会遭到"最惊人的变故"。正是这种"最惊人的变故",这种现代社会的"实际生活过程",为辩证法理论提供了现实的生活基础。

在现代社会生活中,首先是迅猛发展的科学技术使人们进入了广阔的非日常生活领域,并不断地使这种非日常生活日常化。科学的直接意义在于,它为人类提供描述和解释世界的不断深化的概念系统和知识体系,从而为人类展现具有历史性和时代性的科学世界图景。科学的发展史是人类理论思维的进步史。科学概念的形成和确定、扩展和深化、变革和更新,不仅为人类提供"认识和掌握自然现象之网的网上纽结"[1],而且为人类提供不断增加和不断深化的认识成分和思维方法。特别是科学的每一次划时代发现,更以其璀璨夺目的理论成果深刻地改变了人们的思维方式和世界图景。哥白尼的日心说,达尔文的进化论,爱因斯坦的相对论,玻尔的量子力学,弗洛伊德的精神分析理论,不仅使非此即彼的常识思维方式遭到巨大的

---

[1] 参见《列宁全集》第55卷,人民出版社1990年,第78页。

冲击，而且使科学思维方式以其不可抗拒的力量转化为人们的常识思维。在现代科学中，由于各种科学的相互交叉和相互渗透，特别是由于系统化、控制论和信息论等"横向学科"的兴起，在更加广泛和深刻的意义上变革了人们的思维方式及其所构成的世界图景。科学"已把人类的思维训练到能够理解以前几世纪中的有教养的人所不能理解的逻辑关系"。[①]这就是现代科学所引起的人类思维方式的变革。它为辩证法理论提供了当代的科学基础。

哲学作为"时代精神的精华"，它把科学发展所引起的人类思维方式的变革，升华为理论化的社会自我意识。现代哲学告诉人们，没有中性的观察，观察渗透和负载着理论，人们对世界的描述与解释，是以人们把握世界的概念框架和思维方式及其历史性变革为前提。以现代科学为基础的现代哲学深刻地改变了以素朴实在论为代表的直观反映论的思维方式，改变了以机械决定论为代表的线性因果论的思维方式，改变了以抽象实体论为代表的本质还原论的思维方式。这不仅在哲学层面上有力地推进了现代科学思维方式的常识化，而且有力地推进了现代哲学思维方

---

① ［德］赖欣巴哈：《科学哲学的兴起》，伯尼译，商务印书馆1983年，第96页。

式的常识化。

现代科学不仅改变了人们的思维方式和世界图景，而且改变了人们的价值观念。常识作为人类的思想与行为的价值规范，是人类世世代代积累起来的适应人类生存的自然环境、社会环境以及一般文化环境的产物。在常识的价值观念中，人的思想与行为的根据和标准、范围和限度，都是经验的普遍性。人的所思所想、所作所为，直接受到常识的世界图景和思维方式的制约与规范，任何超越普遍经验的思想与行为，都是对常识价值规范的亵渎与挑战，都会被视为荒诞不经或胡作非为。经验性的价值标准规范了常识价值观念的狭隘性与保守性。在常识的价值判断中，总是"定性"地作出论断，而不是"定量"地进行分析，总是孤立地评价经验的具体对象，而不是系统地考察对象的诸种关系。真与假、是与非、荣与辱、好与坏、善与恶、美与丑，被常识的经验标准泾渭分明地断定为非此即彼的存在。简单性和绝对性是常识价值观念的显著特性。与常识不同，科学的价值观念不是经验性的，而是理性化的。科学以其系统化的知识体系和逻辑化的思维方式去规范人们的所思所想和所作所为。实证精神和分析态度是科学价值观念的基础。它不仅着眼于经验的普遍性，更着重于对经验普遍性的理性思考，它不仅着眼于"定性"式的论断，更着重于形成论断的"定量"化的分析，它为人们超出非此即彼、两极对立的价值观提供了现实基础。在科学的发展过程中，科学的世界图景和科学的思维方式处于生生不已的历史性转换之中，从而不断地变革和更新了人对自己和世界及其关系的理解，即不断地变革和更新了人们的世界观。思想内容和行为内容的拓展、思想方式和行为方式的更新，必然引起价值标准的变革。由于价值标准是价值观念、价值判断和价值规范的根据，因此，价值标准的变革又必然引起整个价值系统的历史性转换。这是科学价值观念对常识价值观念的狭隘性和保守性的超越。

哲学作为人类存在意义的社会自我意识，它的价值观念具有显著的反思和批判的特性。它不是直接地提出和给予某种价值判断，而是把常识的和科学的价值判断作为反思的对象，批判地揭示隐含在这些价值判断中的前提，即揭示和批判地考察作出这些价值判断的根据、标准和尺度，从而启发人们以批判的精神和开放的态度去对待自己的价值观念。在当代社会生活中，哲学以"非日常生活的日常化"为基础，在日常经验科学化、日常消遣文化化、日常交往社交化、日常行为法治化和农村生活城市化的

"实际生活过程"中，不断地升华了人类生活的辩证智慧。哲学的价值态度是以理想的应然性和历史的大尺度去观照和反思常识和科学所给予的现实的价值观念，使人们在神圣与世俗、理想与现实、历史的大尺度和小尺度之间保持必要的张力，并达到微妙的平衡。以价值排序的方式而达成"两害相权取其轻"的趋利避害，日益成为当代哲学的历史的和辩证的价值观。它致力于寻求科学精神与人文精神、科学理性与价值理性、功利主义与理想主义的辩证统一，引导人们自觉地超越绝对主义的或相对主义的价值态度。在当代社会生活中，哲学观念的常识化，就是历史的和辩证的价值态度和人生境界的普遍自觉化。

当代中国的最为重大的现实问题是"发展"问题，是对"发展"的标准选择和顺序性安排问题。"以人为本"的科学发展观，以科学发展为主题，以转变经济发展方式为主线，把解决公共利益最大化、满足全社会基本公共需求的民生问题作为首要问题，这是中国社会发展中的"以人为本""又好又快"的基本理念下的行为选择，也是中国在经济全球化中对现代性的行为选择。它深切地体现了历史的"大尺度"与"小尺度"的"必要的张力"和"微妙的平衡"。这不仅是一种促进社会全面、协调、可持续发展的战略思想，而且体现了争取人类解放和实现每个人的全面而自由的发展的根本目标。这就需要我们以更为强烈的社会责任感和更为开阔的理论视野研究和阐述科学发展观，在对重大现实问题的理论探索中推进辩证法研究。

哲学作为理论形态的人类自我意识，它的理论形态的历史演进，直接地取决于人类关于自身存在的自我意识的历史性变化；而人类关于自身存在的自我意识的历史性变化，则深层地取决于人类存在的历史形态的转换。因此，哲学史，归根到底是理论形态的人类发展史；每个时代的哲学，则归根到底是"思想中所把握到的时代"，是"自己时代精神的精华"。我们需要从这样的理论视野去阐述作为哲学世界观的当代辩证法理论。

2. 把握当代辩证法理论的总体特征

哲学界通常以"转向"这个概念来标志哲学本身的根本性变革，并以"实践转向"和"语言转向"分别概括马克思主义哲学和现代西方哲学所实现的哲学变革。把握当代辩证法理论的总体特征，需要深入地阐述这两个"转向"。

马克思的"实践转向"，以人的现实的存在方式——实践活动及其历史发展——为基础去解决思维与存在、人与世界之间的关系问题；现代西方哲学的"语言转向"，则是以人类历史文化的"水库"——语言——为出发点去反省思维与存在、人与世界之间的关系问题。因此，现代哲学的"转向"涵义，是指以人的历史性存在为中介去回答和解决哲学基本问题的哲学理论形态。它与传统哲学的根本区别，在于传统哲学总是以"超历史"的方式解决哲学问题，而现代哲学则是以"历史的"方式提出和回答哲学问题。人的历史性存在，或者说，人的存在的历史性，是"实践转向"和"语言转向"的深层内涵；这种深层内涵，决定现代哲学聚焦于对人的存在的反思，现代意义的辩证法理论从对人的存在的反思中形成自己的总体特征和理论内容。当代辩证法理论的总体特征就表现在：第一，人的存在方式成为它的理论聚焦点；第二，人类把握世界的基本方式及其内在矛盾成为它的重要的研究对象；第三，对科学、语言、文化、发展以及实践的理解成为它的具体的理论内容；第四，对当代人类的生存与发展的反思成为它的主要任务。

在"拒斥形而上学"的现代哲学的理论进军中，人们越来越清醒地意识到，所谓"形而上学"的根本性弊病，在于它把人同人的世界割裂开来，试图以人的"理性"去

"洞悉"与人相对峙的"世界"的"普遍规律",并把这种与人的历史性存在无涉的、永恒的"普遍规律"作为规范人的思想和行为的最终的根据即"本体"。这就是现代哲学所讨伐的统治人类思想的两千年来的"本质主义"的哲学理念。应当说,正是这种"本质主义"的哲学理念,构成了哲学意义上的形而上学的思维方式,即从真善美与假恶丑绝对对立的思维方式去解释和规范人的思想与行为。因此,对"本质主义"的讨伐,既是对形而上学思维方式的超越,也是当代辩证法理论的直接的生长点。

"本质主义"的哲学理念,就其产生的历史根源说,是因为人类长期生存于以农业文明为基础的自然经济社会之中,这种自然经济社会需要以"本质主义"的方式去确立某种"神圣形象"来实现和维护"人对人的依附性";就其产生的理论根源说,是因为人类文化总是倾向于以某种单一性的、确定性的乃至终极性的东西来解释和规范复杂性的、多样性的、模糊性的、暂时性的存在,即总是倾向于以某种超历史的、非历史的东西去解释和规范一切历史的存在,以至于用某种"普遍性"的"标准"压抑和取消了任何"多样性"的"选择",这是哲学意义上的"形而上学的恐怖",也是文化意义上的"本质主义的肆虐"。

马克思批评"哲学家们"只是用不同的方式解释世界，并提出"问题在于改变世界"，从而为整个现代哲学的"转向"提出了鲜明的时代性主题，即把哲学的目光从对"世界何以可能"的寻求"转向"对人类"解放何以可能"的关切。人们之所以把马克思的哲学革命称之为"实践转向"，就在于马克思把哲学的目光"转向"了人的生存方式——实践活动及其历史发展。用恩格斯的话说，马克思主义的哲学革命就在于开拓了关于"现实的人及其历史发展"的哲学道路。

列宁提出，世界不会满足人，人决心以自己的行动让世界满足自己。人与世界的关系，是否定性的统一关系，即把世界的现实性变成非现实性，而把人的理想性变成世界的现实性。人类的实践活动及其历史发展，不仅造成了现实世界的二重化（自然世界与属人世界）、人类存在的二重性（自然性与超自然性）、历史发展的二象性（人们创造历史与服从历史规律），而且更为深刻地造成了对人类"生存"而言的"有利"与"有害"、"进步"与"倒退"的"悖论"。在当代社会的"科技文明"与"全球问题"、"市场经济"与"人的物化"的深刻矛盾中，作为"社会的自我意识"的哲学，它敏锐而痛切地把握到人类

"生存"的矛盾与困境，因而合乎逻辑地以"实践转向"来实现对人类存在和人类解放的关切，即以"主题性转换"的方式来实现哲学对人类存在的关切。正是这种关切，为当代辩证法理论提供了丰富的理论内容。

在当代哲学的各种理论论争中，人的生存意义被不断地凸显出来。而在对人的生存意义的哲学反思中，则愈来愈凸显人类把握世界的各种基本方式及其内在矛盾问题。人类意识所创造的"意义世界"，是人类把握世界的各种"方式"——神话、常识、艺术、宗教、伦理、科学和哲学——为中介而实现的。这些"方式"构成了卡西尔所说的"人性的圆圈"，也构成了"意义"的"同一主旋律的多重变奏"。这个"同一主旋律的多重变奏"展现了人类存在的复杂的矛盾性。哲学与宗教、哲学与艺术、哲学与科学、宗教与艺术、科学与艺术，以及这些基本方式各自的内在矛盾，成为当代辩证法理论的重要研究对象。

人类把握世界的"宗教"方式以塑造"神圣形象"的方式而使人的存在获得神圣的意义。宗教中的"神圣形象"把各种各样的力量统一为至高无上的力量，把各种各样的智能统一为洞察一切的智能，把各种各样的情感统一为至大无外的情感，把各种各样的价值统一为至善至美的价值。这样，宗教中的神圣形象，就成为一切力量的源泉，一切智能的根据，一切情感的标准，一切价值的尺度，人从这种异在的"神圣形象"中获得存在的根本意义。然而，生活的意义来源于宗教的神圣意义，这意味着人把自己的本质异化给了宗教的神圣形象，是人还没有获得自我或再度丧失了我的自我感觉和自我意识。这说明，宗教所创造的意义世界，正是表现了人的悖论性的存在。人类把握世界的"艺术"方式以创造"艺术形象"的方式而为人的生活提供意义的世界。在艺术的世界，我们从尘封的历史中看到一个个"鲜活的面容"，从遥远的异域中看到一个个"跳动的心灵"，从他人的世界中看见一道道"诱人的风景"。在"大众文化"兴起的当代，艺术正以新的形式展现人的生存矛盾和"现代人的困惑"。人类把握世界的"伦理"方式，是以规范和调整人与他人、"小我"与"大我"相互关系的方式而使人成为"社会"的存在，并获得社会生活的意义。人的社会是"伦理"的社会，"伦理"的社会创造了纷繁复杂的社会生活，也创造了更为丰富多彩的"意义"的世界。物我、是非、利害、祸福、毁誉、荣辱、进退、生死、寿夭，纷至沓来的人生矛盾，扑朔迷离的价值冲突，在当代人类的社会生活中具有更为紧迫的现实意义。人类把握世界的"科学方式",被卡西尔称作"人的智力发展中的最后一步","人类历史的最后篇章"和"推动宇宙"的"支撑点"。科学以它的各种首尾一贯、秩序井然的符号系统为我们展现各门学科所构成的世界图景,还以它的"科学方法""科学态度""科学精神"作为价值规范而变革人们的观念与行为。科学总是不断地更新人的"世界图景""思维方式""价值观念"乃至整个的"生活方式"。因此,对人类把握世界的各种基本方式及其相互关系的反思成为当代辩证法理论的重要研究内容。

人类把握世界的各种基本方式,为人类自身的存在提供多重意义。在人类历史的发展进程中,社会所悬设和承诺的"意义"的"标准",与个人对这个"标准"的选择与认同,总是处于矛盾之中。特别是在人类生活世界发生时代性变革的过程中,由常识意识、科学精神、审美意识和伦理文化的全面变化而引起的"意义范式"的转换,总是造成时代性的"意义危机"。这种"意义危机",既会激发"意义"的个体自我意识的新的感受和领悟、新的期待和追求,也会引发"意义"的个体自我意识的新的困惑与迷惘、新的矛盾与冲突。"我到底要什么"的价值取向和价值认同与"我们到底要什么"的价值导向和价值规范之间的矛盾冲突，正是深刻地体现了各个时代的"标准"与"选择"的矛盾。

哲学作为"意义"的社会自我意识，它对当代人类的巨大的生活价值，就是对时代性的"意义危机"作出全面的反应、批判的反思、规范性的矫正和理想性的引导。因此，真正的哲学，总是以自己提出的新的问题、新的提问方式以及对新问题的新的求索，批判性地反思人类生活的时代意义，理论性地表征人类生活的矛盾与困惑、理想与选择，从而为人类的思想与行为提供自己时代的根据、尺度和标准，塑造和引导新的时代精神。以当代社会生活的内在矛盾和当代人精神家园的种种困惑为对象而进行哲学反思，构成当代辩证法理论的总体特征。

3. 运用辩证智慧研究重大理论问题和重大现实问题

由于人的存在方式以及由此形成的人的生存和发展问题成为当代辩证法理论的聚焦点，因此，作为人的存在方式的实践活动及其历史发展，以人的实践活动为基础的人与自然、人与社会、人与他人、人与自我的矛盾关系，以人的实践活动为基础的科学、语言、文化和发展问题，成为当代辩证法理论的主要内容。运用辩证智慧去研究重大的现实问题，是辩证法研究的时代性使命。

在对人类实践活动的当代水平的辩证理解中，我们不仅关注蕴含于实践活动之中的受动性与主动性、目的性与对象性、合目的性与合规律性、现实性与普遍性等矛盾关系，而且特别地关注以实践为基础的人的生存与生活、自然世界与属人世界、物的尺度与人的尺度、历史的前提与结果、人的存在形态与人类的历史发展等矛盾关系，并且以当代人类实践活动的新特征为基础，致力于探索现代化进程中的实践活动的正负效应、人化与物化、科技进步与全球问题、发展与代价等矛盾关系。

在对科学的当代辩证理解中，既从人类把握世界的多种方式的相互关系中提出并探索了科学与宗教、科学与常识、科学与艺术、科学与伦理、科学与哲学的关系，而且从科学活动和科学进步的角度具体地探讨了理论与观察、证实与证伪、逻辑与直觉、猜测与反驳、发现与辩护、理解与解释、范式与科学家集团、理论硬核与保护带、经验问题与概念问题等矛盾关系，并且在对科学及其社会功能的反思中，不断深入地探讨了科学与文化、科学与社会、自然科学与人文科学、科学精神与人文精神、科学与科学主义等一系列关乎人类生存发展的重大问题。由于科学技术在现代社会生活中的重大作用，对科学的哲学理解，成为当代哲学极其重要的理论内容。对当代辩证法理论来说，首先是由于科学发展所显示出来的内部的和外部的诸多矛盾，为辩证法理论的发展提出了愈来愈丰富的研究课题。在这些研究课题中，科学与非科学的关系问题，以及对科学的人文主义理解问题，是正确对待科学和科学精神以及批判科学主义的重要前提。

在对语言的当代辩证理解中，既以现代西方哲学的"语言转向"为对象，探索了英美分析哲学和欧陆人文哲学对"语言"的哲学理解，又以现代语言学为基础，探索了语言与言语、能指与所指、指称与意义、语音与语义、语义与语用、语言的逻辑性与人文性、自然语言与人工语言等矛盾关系。在对语言与言语的辩证理解中，语言的共时性与言语的历时性、语言的结构性与言语的事件性、语言的形式性与言语的实质性、语言的系统性与言语的过程性、语言的规则性与言语的事实性、语言的内在性与言语的现实性等矛盾关系，不仅深化了对人的社会性与个体性、理想性与现实性等矛盾关系的理解，而且深化了总体上对语言与文化、语言与世界、语言与人的矛盾关系的理解。

在对文化的当代辩证理解中，由于文化哲学日益成为哲学中的"显学"，因而从多侧面、多层次展开了文化的内在矛盾，诸如文化的人类性与时代性、文化的人类性与民族性、文化的多样性与统一性、文化的多重内涵、文化的多种形态、文化的多种特性、文化的转型与重建、文化的失范与冲突、自在的文化与自觉的文化、大众文化与精英文化、东方文化与西方文化、文化激进主义与文化保守主义等等。这些矛盾关系成为当代辩证法研究的重要内容。

在对发展的当代辩证理解中，以人的生存与发展的矛盾为聚焦点，以发展的标准与选择为核心范畴，构成了对发展的不断深化的哲学反思。人是历史性的存在，而不是复制性的存在，这就意味着人实现了生命演化中的自我超越——人成为超越其所是的存在即以"发展"为其存在方式的存在。因此，对人的存在方式的辩证理解，最重要的是对"发展"的辩证理解。"发展"是人的存在方式，也是当代人类面对的最大问题，是当代学界争论最激烈的问题。在关于"发展"问题的激烈论争中，学界在时代性与人类性的交接点上深化了对"发展"的辩证理解，提出并形成了以"发展"为聚焦点的一系列哲学范畴，诸如生存与发展，发展的事实与价值，发展的价值与代价，发展的标准与选择，发展的大尺度与小尺度，发展的人化与物化等等。当代中国学者更是以反思市场经济为出发点，深化了对发展的辩证理解，为当代辩证法理论提供了丰富的理论内容。

在对当代人与世界关系的辩证理解中，凸现出了一系列总体性的矛盾关系，诸如理性主义与非理性主义，科学主义与人文主义，客观主义与相对主义，决定论与非决定论，本质主义与存在主义，结构主义与解构主义，基础主义与反基础主义，如此等等。这些从总体关系上所构成的哲学冲突，推进了对"世界观"的历史性内涵的理解，即：世界观的"世"并不是与人无关的、自然而然的"世"，而是人生在世之"世"；世界观的"界"并不是与人无关的、无始无终的"界"，而是人在途中之"界"；世界观的"观"并不是非人的或超人的神的目光，而是作为历史性存在的人的目光。因此，作为世界观理论的哲学，从根本上说是关于人生在世和人在途中的人的目光的理论，是由"思想性的历史"所构成的"历史性的思想"，真正的哲学是"时代精神的精华"和"文明的活的灵魂"。对世界观的辩证理解，成为当代辩证法理论的"活的灵魂"。

当代的辩证法理论研究，需要我们具体地探索以当代人的实践活动为基础的人与世界的关系，需要我们具体地探索科学、语言、文化和发展中所蕴含的人与世界的关系，需要我们借鉴包括西方马克思主义在内的辩证法思想，更需要我们深入地研究马克思主义经典作家的辩证法，具体地研究和阐释马克思的"批判本质"的辩证法、恩格斯的"理论思维"的辩证法、列宁的"三者一致"的辩证法和毛泽东的"实践智慧"的辩证法。离开对马克思主义经典作家的辩证法的深入研究，就不可能在马克思开辟的哲学道路上发展辩证法理论，就无法以马克思主义的辩证法去把握和解决重大的理论问题和重大的现实问题。这是我们在今天重新研读列宁的《谈谈辩证法问题》及其思想的重大现实意义。

《谈谈辩证法问题》的
当代解读与中国道路

原著选读

A BRIEF
INTRODUCTION TO
ON THE QUESTION OF
DIALECTICS

谈谈辩证法问题①

（1915年）

统一物之分为两个部分以及对它的矛盾着的部分的认识〔参看拉萨尔的《赫拉克利特》一书第3篇（《论认识》）开头所引的斐洛关于赫拉克利特的一段话②〕，是辩证法的**实质**（是辩证法的"本质"之一，是它的基本的特点或特征之一，甚至可说是它的基本的特点或特征）。黑格尔也正是这样提问题的（亚里士多德在其著作《形而上学》中经常为此**绞尽脑汁**，并跟赫拉克利特即跟赫拉克利特的思想作斗争③）。

辩证法内容的这一方面的正确性必须由科学史来检验。对于辩证法的这一方面，通常（例如在普列汉诺夫那里）没有予以足够的注意：对立面的同一被当作**实例**的总和〔例如种子；"例如原始共产主义"。恩格斯也这样做过。但这是"为了通俗化"……〕，而不是当作**认识的规律**（以及客观世界的规律）。

---

① 《谈谈辩证法问题》一文写在《哲学笔记》中，在《拉萨尔〈赫拉克利特的哲学〉一书摘要》和《亚里士多德〈形而上学〉一书摘要》之间，由于其中有引自《形而上学》的引文，所以有理由认为它是在列宁读过亚里士多德的这一著作以后写的。
② 见《列宁全集》第2版第55卷第300页。——编者注
③ 见列宁《亚里士多德〈形而上学〉一书摘要》第313页。——编者注

在数学中，+和-，微分和积分。

在力学中，作用和反作用。

在物理学中，正电和负电。

在化学中，原子的化合和分解。

在社会科学中，阶级斗争。

对立面的同一（它们的"统一"，也许这样说更正确些？虽然同一和统一这两个术语的差别在这里并不特别重要。在一定意义上二者都是正确的），就是承认（发现）自然界的（也包括精神的和社会的）一切现象和过程具有矛盾着的、相互排斥的、对立的倾向。要认识在"自己运动"中、自生发展中和蓬勃生活中的世界一切过程，就要把这些过程当做对立面的统一来认识。发展是对立面的"斗争"。有两种基本的（或两种可能的？或两种在历史上常见的？）发展（进化）观点：认为发展是减少和增加，是重复；以及认为发展是对立面的统一（统一物之分为两个互相排斥的对立面以及它们之间的相互关系）。

按第一种运动观点，自己运动，它的动力、它的泉源、它的动因都被忽视了（或者这个泉源被移到外部——移到上帝、主体等等那里去了）；按第二种观点，主要的注意力正是放在认识"自己"运动的泉源上。

第一种观点是僵死的、平庸的、枯燥的。第二种观点是活生生的。只有第二种观点才提供理解一切现存事物的"自己运动"的钥匙，才提供理解"飞跃"、"渐进过程的中断"、"向对立面的转化"、旧东西的消灭和新东西的产生的钥匙。

对立面的统一（一致、同一、均势）是有条件的、暂时的、易逝的、相对的。相互排斥的对立面的斗争是绝对的，正如发展、运动是绝对的一样。

注意： 顺便说一下，主观主义（怀疑论①和诡辩论等等）和辩证法的区别在于：在（客观）辩证法中，相对和绝对的差别也是相对的。对于客观辩证法来说，相对中有绝对。对于主观主义和诡辩论来说，相对只是相对，因而排斥绝对。

---

① 怀疑论是对客观世界和客观真理是否存在和能否认识表示怀疑的唯心主义哲学派别，产生于公元前4世纪至前3世纪古希腊奴隶制发生危机的时代，其创始人是皮浪，最著名的代表是埃奈西德穆和塞克斯都—恩披里柯。古代怀疑论者从感觉论的前提出发，得出不可知论的结论。他们把感觉的主观性绝对化，认为人不能超出他自己的感觉范围，不能确定哪一种感觉是真的。他们宣称，对每一事物都可以有两种互相排斥的意见，即肯定和否定，因而我们关于事物的知识是不可靠的。他们要人们拒绝认识，对事物漠不关心，说这样就可以从怀疑中解脱出来，而达到心灵恬静即"无感"的境界。

在文艺复兴时代，法国哲学家米·蒙台涅、皮·沙朗和皮·培尔曾利用怀疑论来反对中世纪的经院哲学和教会。照马克思的说法，培尔"用怀疑论摧毁了形而上学，从而为在法国掌握唯物主义和健全理智的哲学打下了基础"，并宣告"无神论社会的来临"（见《马克思恩格斯全集》第1版第2卷第162页）。相反，法国哲学家和数学家布·帕斯卡却用怀疑论反对理性认识，维护基督教。

18世纪，怀疑论在大卫·休谟和伊·康德的不可知论中得到复活，戈·恩·舒尔采则试图使古代怀疑论现代化。新怀疑论十分明确地声称达到科学认识是不可能的。马赫主义者、新康德主义者和19世纪中至20世纪初的其他唯心主义哲学流派都利用怀疑论的论据。

马克思在《资本论》中首先分析资产阶级社会（商品社会）里最简单、最普通、最基本、最常见、最平凡、碰到过亿万次的**关系**：商品交换。这一分析从这个最简单的现象中（从资产阶级社会的这个"细胞"中）揭示出现代社会的**一切**矛盾（或**一切**矛盾的萌芽）。往后的叙述向我们表明这些矛盾和这个社会——在这个社会的各个部分的总和中、从这个社会的开始到终结——的发展（**既是生长又是运动**）。

一般辩证法的阐述（以及研究）方法也应当如此（因为资产阶级社会的辩证法在马克思看来只是辩证法的局部情况）。从最简单、最普通、最常见的等等东西开始：从**任何一个命题**开始，如树叶是绿的，伊万是人，茹奇卡是狗①，等等。在这里（正如黑格尔天才地指出过的）就已经有**辩证法**：**个别就是一般**［参看亚里士多德《形而上学》，施韦格勒译，第2卷第40页，第3篇第4章第8—9节："因为当然不能设想：在个别的房屋之外还存在着一般房屋。"——"（希腊文）"］。这就是说，对立面（个别跟一般相对立）是同一的：个别一定与一般相联而存在。一般只能在个别中存在，只能通过个别而存在。任何个别（不论怎样）都是一般。任何一般都是个别的（一部分，或一方面，或本质）。任何一般只是大致地包括一切个别事物。任何个别都不能完全地包括

---

① 伊万是俄国最常见的人名。茹奇卡是俄语中看家狗的常用名字。

在一般之中，如此等等。任何个别经过千万次的过渡而与另一**类**的个别（事物、现象、过程）相联系，如此等等。**这里已经**有自然界的必然性、客观联系等概念的因素、胚芽了。这里已经有偶然和必然、现象和本质，因为我们在说伊万是人，茹奇卡是狗，**这是**树叶等等时，就把许多特征作为**偶然的东西抛掉**，把本质和现象分开，并把二者对立起来。

可见，在**任何**一个命题中，很像在一个"单位"（"细胞"）中一样，都可以（而且应当）发现辩证法**一切**要素的胚芽，这就表明辩证法本来是人类的全部认识所固有的。而自然科学则向我们揭明（这又是要用**任何**极简单的实例来揭明）客观自然界也具有同样的性质，揭明个别向一般的转变，偶然向必然的转变，对立面的过渡、转化、相互联系。辩证法**也就是**（黑格尔和）马克思主义的认识论：正是问题的这一"方面"（这不是问题的一个"方面"，而是问题的实质）普列汉诺夫没有注意到，至于其他的马克思主义者就更不用说了。

***

不论是黑格尔（见《逻辑学》），不论是自然科学中现代的"认识论者"、折衷主义者、黑格尔主义的敌人（他不懂黑格尔主义！）保尔·福尔克曼（参看他的《认识论原理》

第……页①）都把认识看做一串圆圈。

> 哲学上的"圆圈"〔是否一定要以人物的年代先后为顺序呢？不〕
>
> 古代：从德谟克利特到柏拉图以及赫拉克利特的辩证法。
>
> 文艺复兴时代：笛卡儿对伽桑狄（斯宾诺莎?）。
>
> 近代：霍尔巴赫——黑格尔（经过贝克莱、休谟、康德）
>
> 黑格尔——费尔巴哈——马克思。

辩证法是**活生生**的、多方面的（方面的数目永远增加着的）认识，其中包含着无数的各式各样观察现实、接近现实的成分（包含着从每个成分发展成整体的哲学体系），——这就是它比起"形而上学的"唯物主义来所具有的无比丰富的内容，而形而上学的唯物主义的根本**缺陷**就是不能把辩证法应用于反映论，应用于认识的过程和发展。

从粗陋的、简单的、形而上学的唯物主义的观点看来，哲学唯心主义**不过是**胡说。相反地，从**辩证**唯物主义的观点看来，哲学唯心主义是把认识的某一特征、某一方面、某一

---

① 此处见保·福尔克曼的《自然科学的认识论原理及其与当代精神生活的联系》一书第2版第35页。列宁关于该书的札记，见《列宁全集》第2版第55卷第343—344页。列宁在作黑格尔《哲学史讲演录》摘要时，也指出了类似的地方。

侧面，**片面地**、夸大地、überschwengliches（狄慈根）①发展（膨胀、扩大）为**脱离**了物质、**脱离**了自然的、神化了的绝对。唯心主义就是僧侣主义。这是对的。但（"**更确切些**"和"**除此而外**"）哲学唯心主义是**经过**人的无限复杂的（辩证的）**认识的一个成分**而通向僧侣主义的**道路**。

人的认识不是直线（也就是说，不是沿着直线进行的），而是无限地近似于一串圆圈、近似于螺旋的曲线。这一曲线的任何一个片断、碎片、小段都能被变成（被片面地变成）独立的完整的直线，而这条直线能把人们（如果只见树木不见森林的话）引到泥坑里去，引到僧侣主义那里去（在那里统治阶级的阶级利益就会把它**巩固起来**）。直线性和片面性，

---

① überschwengliches可译为"过分的""过度的""无限的""过火"等等。这个词是约·狄慈根在分析绝对真理和相对真理、物质和精神等等之间的关系时使用的一个字眼（例如，见《列宁全集》第2版第55卷第419—420、423页）。列宁也在自己的一些著作中使用它来揭示对概念的辩证法的唯物主义的理解。例如，在《唯物主义和经验批判主义》中，列宁发展了恩格斯对哲学基本问题所作的表述，他写道"狄慈根在《漫游》中重复说，物质这个概念也应当包括思想。这是糊涂思想。因为这样一来，狄慈根自己所坚持的那种物质和精神、唯物主义和唯心主义在认识论上的对立就会失去意义。至于说到这种对立不应当是'无限的'、夸大的、形而上学的，这是不容争辩的(强调这二点是辩证唯物主义者狄慈根的巨大功绩)。这种相对对立的绝对必要性和绝对真理性的界限，正是确定认识论研究的方向的界限。如果在这些界限之外，把物质和精神即物理的东西和心理的东西的对立当做绝对的对立，那就是极大的错误"。(见《列宁全集》第2版第18卷第257页)列宁在《共产主义运动中的"左派"幼稚病》中也谈到真理的辩证性质(见《列宁全集》第2版第39卷第42页)。

死板和僵化，主观主义和主观盲目性就是唯心主义的认识论根源。而僧侣主义（=哲学唯心主义）当然有**认识论**的根源，它不是没有根基的，它无疑是一朵**无实花**，然而却是生长在活生生的、结果实的、真实的、强大的、全能的、客观的、绝对的人类认识这棵活树上的一朵**无实花**。(《列宁全集》第2版第55卷第305—311页)

◎选自《列宁全集》第2版第55卷，第77—317页。

哲学笔记（节选）①

（1895—1916年）

黑格尔《逻辑学》一书摘要（批语摘选）

（1914年9—12月）

逻辑不是关于思维的外在形式的学说，而是关于"一切物质的、自然的和精神的事物"的发展规律的学说，即关于世界的全部具体内容的以及对它的认识的发展规律的学说，即对世界的认识的**历史**的总计、总和、结论。（《列宁全集》第2版第55卷第77页）

在人面前是自然现象之**网**。本能的人，即野蛮人，没有把自己同自然界区分开来。自觉的人则区分开来了，范畴是

---

① 《哲学笔记》是列宁在1895—1916年间研读哲学著作和探讨马克思主义哲学问题时所写的摘要、短文、札记和批语。这里摘选的主要是1914—1915年期间列宁研究唯物辩证法时所写的批语。列宁的这些批语包含了关于唯物辩证法的核心、基本规律、主要范畴的深刻见解，关于辩证法、逻辑和认识论三者之间相互关系的精辟观点以及关于辩证唯物主义认识论的重要论述。其中对"辩证法的要素"的概括具有重要的理论价值，对我们把握唯物辩证法的基本内容和研究唯物辩证法科学体系的内在逻辑结构具有重要指导意义。《谈谈辩证法问题》是列宁对自己1914—1915年间哲学研究的简要总结，其中揭示了辩证法的实质，分析了对立面的统一和斗争的辩证规律，阐明了辩证发展观和形而上学发展观的根本区别，分析了绝对和相对、抽象和具体、逻辑和历史以及一般、特殊和个别等范畴，揭示了认识过程的辩证性质以及唯心主义的认识论根源和阶级根源。

区分过程中的梯级，即认识世界的过程中的梯级，是帮助我们认识和掌握自然现象之网的网上纽结。(《列宁全集》第2版第55卷第78页)

这是非常深刻的：自在之物以及它向为他之物的转化(参看恩格斯[①])。自在之物**一般地**是空洞的、无生命的抽象。在生活中，在运动中，一切的一切**总**是既"自在"，又在对他物的关系上"为他"，从一种状态转化为另一种状态。(《列宁全集》第2版第55卷第90页)

辩证法是一种学说，它研究**对立面**怎样才能够**同一**，是怎样（怎样成为）**同一的**——在什么条件下它们是相互转化而同一的，——为什么人的头脑不应该把这些对立面看做僵死的、凝固的东西，而应该看做活生生的、有条件的，活动的、彼此转化的东西。(《列宁全集》第2版第55卷第90页)

概念的全面的、普遍的灵活性，达到了对立面同一的灵活性，——这就是实质所在。主观地运用的这种灵活性=折中主义与诡辩。**客观地**运用的灵活性，即反映物质过程的全面性及其统一性的灵活性，就是辩证法，就是世界的永恒发展

---

① 见恩格斯《路德维希·费尔巴哈和德国古典哲学的终结》((马克思恩格斯全集》第1版第21卷第317页)。——编者注

的正确反映。(《列宁全集》第2版第55卷第91页)

非本质的东西,外观的东西,表面的东西常常消失,不像"本质"那样"扎实",那样"稳固"。比如:河水的流动就是泡沫在上面,深流在下面。**然而就连泡沫**也是本质的表现!(《列宁全集》第2版第55卷第107页)

外观的东西是本质的**一个**规定,本质的一个方面,本质的一个环节。**本质**具有某种外观。外观是本质自身在自身中的表现(Scheinen)。(《列宁全集》第2版第55卷第110页)

任何具体的东西,任何具体的某物,都是和其他的一切处于相异的而且常常是矛盾的关系中,因此,它往往既是自身又是他物。(《列宁全集》第2版第55卷第115页)

运动和"**自己运动**"(这一点要注意!自生的(独立的)、天然的、**内在必然的**运动),"变化","运动和生命力","一切自己运动的原则","运动"和"活动"的"冲动"(Trieb)——"**僵死存在**"的对立面,——谁会相信这就是"黑格尔主义"的实质、抽象和abstrusen(费解的、荒谬的?）黑格尔主义的实质呢??必须揭示、理解、拯救[①]、解脱、澄清这种实质,马克思和恩格斯就做到了这一点。

普遍运动和变化的思想(《逻辑学》,1813年)还未被应用于生命和社会以前,就被猜测到了。这一思想应用于社会,是先被宣布的(1847年),应用与人,是后来得到证实的(1859年)。[②](《列宁全集》第2版第55卷第117—118页)

注意

(1) 普通的表象抓到的是差别和矛盾,但不是一个向另一个的**过渡**,而<u>这却是最重要的东西</u>。

(2) 机智和智慧。

机智抓到矛盾,**表达**矛盾,使事物彼此发生关系,使"概念透过矛盾映现出来",但没有**表达**事物及其关系的概念。

(3) 思维的理性(智慧)使有差别的东西的已经钝化的

---

① "拯救"一词列宁写的是德文 hinüberretten,出自《反杜林论》第2版序言。恩格斯在那里写道:"马克思和我,可以说是从德国唯心主义哲学中拯救了自觉的辩证法并且把它转为唯物主义的自然观和历史观的唯一的人。"(见《马克思恩格斯全集》第1版第20卷第13页)列宁在《卡尔·马克思》一文中引用了这一句话(见《列宁全集》第2版第26卷第56页)。

② 列宁指的是下面三部著作的问世:乔·威·弗·黑格尔的《逻辑学》(前两册分别于1812年和1813年出版),马克思和恩格斯的《共产党宣言》(1847年底写成,1848年2月出版)和查尔斯·达尔文的《物种起源》(1859年发表)。

差别尖锐化、使表象的简单的多样性尖锐化，以达到**本质的差别**，达到**对立**。只有那上升到矛盾顶峰的多样性在相互关系中才成为活跃的（regsam）和有生机的，——才能获得那作为**自己运动和生命力的内部搏动的否定性**。（《列宁全集》第2版第55卷第119页）

如果我没有弄错，那么黑格尔的这些推论中有许多的神秘主义和空洞的学究气，可是基本的思想是天才的：万物之间的世界性的、全面的、活生生的联系，以及这种联系在人的概念中的反映——唯物地颠倒过来的黑格尔；这些概念还必须是经过琢磨的、整理过的、灵活的、能动的、相对的、相互联系的、在对立中统一的，这样才能把握世界。要继承黑格尔和马克思的事业，就应当**辩证地**探讨人类思想、科学和技术的历史。（《列宁全集》第2版第55卷第122页）

一条河和河中的**水滴**。**每**一水滴的位置、它同其他水滴的关系；它同其他水滴的联系；它运动的方向；速度；运动的路线——直的、曲的、圆形的等等——向上、向下。运动的总和。概念是运动的各个方面、各个水滴（="事物"）、各个"**细流**"等等的**总计**。按照黑格尔的逻辑学，世界的情景大致是这样的，——当然要除去上帝和绝对。（《列宁全集》第2版第55卷第122—123页）

一方面，应该从对物质的认识深入到对实体的认识（概念），以便探求现象的原因。另一方面，真正地认识原因，就是使认识从现象的外在性深入到实体。应该用两类例子来说明这一点：(1)自然科学史中的例子，(2)哲学史中的例子。更确切些说：这里应该谈的不是"例子"——比较并不就是论证，——而是自然科学史和哲学史+技术史的**精华**。(《列宁全集》第2版第55卷第133—134页)

原因和结果只是各种事件的世界性的相互依存、(普遍)联系和相互联结的环节，只是物质发展这一链条上的环节。(《列宁全集》第2版第55卷第134页)

我们通常所理解的因果性，只是世界性联系的一个极小部分，然而（唯物主义补充说）这不是主观联系的一小部分，而是客观实在联系的一小部分。(《列宁全集》第2版第55卷第135页)

概念是人脑（物质的最高产物）的最高产物。(《列宁全集》第2版第55卷第139页)

思维从具体的东西上升到抽象的东西时，不是**离开**——如果它是正确的（注意）（而康德，像所有的哲学家一样，谈论**正确的**思维）——真理，而是接近真理。**物质**的抽象，自然**规律**的抽象，**价值**的抽象的等等，一句话，**一切**科学的（正确的、郑重的、不是荒唐的）抽象，都更深刻、更正确、**更完全地**反映自然。从生动的直观到抽象的思维，并**从抽象的思维到实践**，这就是认识**真理**、认识客观实在的辩证途径。（《列宁全集》第2版第55卷第142页）

从一定观点看来，在一定条件下，普遍是个别，个别是普遍。不仅是（1）一切概念和判断的**联系**、不可分割的联系，而且是（2）一个东西向另一个东西的**过渡**，并且不仅是过渡，而且是（3）**对立面的同一**——这就是黑格尔的主要东西。然而这是穿过**迷雾**般的极端"费解的"叙述才"透露出来的"。从逻辑的一般概念和范畴的发展和运用的观点出发的思想史——这才是需要的东西！（《列宁全集》第2版第55卷第147—148页）

（抽象的）概念的形成及其运用，**已经**包含着关于世界客观联系的规律性的看法、见解、**意识**。把因果性从这个联系中分出来，是荒谬的。否定概念的客观性、否定个别和特殊之中的一般的客观性，是不可能的。黑格尔探讨客观世界的运动在概念的运动中的反映，所以他比康德及其他人深刻得多。这一个商品和另一个商品交换的个别行为，作为一种简单的价值形式来说，其中已经以尚未展开的形式包含着资本主义的**一切**主要矛盾，——即使是最简单的**概括**，即使是**概念**（判断、推理等等）的最初的和最简单的形成，已经意味着人在认识世界的日益深刻的**客观**联系。在这里必须探求黑格尔逻辑学的真实的含义、意义和作用。要注意这点。(《列宁全集》第2版第55卷第149—150页)

逻辑学是关于认识的学说，它是认识论。认识是人对自然界的反映。但是，这并不是简单的、直接的、完整的反映，而是一系列的抽象过程，即概念、规律等等的构成、形成过程，这些概念和规律等等（思维、科学 = "逻辑观念"）有条件地近似地**把握**永恒运动着和发展着的自然界的普遍规律性。在这里**的确**客观上是**三项**：（1）自然界；（2）人的认识 = **人脑**（就是同一个自然界的最高产物）；（3）自然界在人的认识中的反映形式，这种形式就是概念、规律、范畴等等。人不能完全地把握 = 反映 = 描绘**整个**自然界、它的"直接的总体"，人只能通过创立抽象、概念、规律、科学的世界图景等等**永远地**接近于这二点。(《列宁全集》第2版第55卷第152—153页)

黑格尔力求——有时甚至极力和竭尽全力——把人的有目的的活动纳入逻辑的范畴，说这种活动是推理（Schluβ），说主体（人）在"推理"的逻辑的"式"中起着某一"项"的作用等等，——

这不只是牵强附会，不只是游戏。这里有非常深刻的、纯粹唯物主义的内容。要倒过来说：人的实践活动必须亿万次地使人的意识去重复不同的逻辑的式，以便这些式能够获得公理的意义。这点应注意。（《列宁全集》第2版第55卷第160页）

认识是思维对客体的永远的、无止境的接近。自然界在人的思想中的反映，要理解为不是"僵死的"，不是"抽象的"，**不是没有运动的，不是没有矛盾的**，而是处在运动的永恒**过程**中，处在矛盾的发生和解决的永恒**过程**中。（《列宁全集》第2版第55卷第165页）

真理就是由现象、现实的一切方面的**总和**以及它们的（相互）**关系**构成的。概念的关系（＝过渡＝矛盾）＝逻辑的主要内容，并且这些概念（及其关系、过渡、矛盾）是作为客观世界的反映而被表现出来的。**事物**的辩证法创造观念的辩证法，而不是相反。（《列宁全集》第2版第55卷第166页）

人对自然界的认识（＝"观念"）的各环节，就是逻辑的

范畴。(《列宁全集》第2版第55卷第168页)

生命产生脑。自然界反映在人脑中。人在自己的实践中、在技术中检验这些反映的正确性并运用它们,从而也就达到客观真理。(《列宁全集》第2版第55卷第170页)

要理解,就必须从经验开始理解、研究,从经验上升到一般。要学会游泳,就必须下水。((列宁全集》第2版第55卷第175页)

当逻辑的概念还是"抽象的",还具有抽象形式的时候,它们是主观的,但同时它们也表现着自在之物。自然界**既是**具体的**又是**抽象的,**既是**现象**又是**本质,**既是**瞬间**又是**关系。人的概念就其抽象性、分隔性来说是主观的,可是就整体、过程、总和、趋势、来源来说却是客观的(《列宁全集》第2版第55卷第178页)

理论的认识应当提供在必然性中、在全面关系中、在自在自为的矛盾运动中的客体。但是,只有当概念成为在实践意义上的"自为存在"的时候,人的概念才能"最终地"抓住、把握、通晓认识的这个客观真理。也就是说,人的和人类的实践是认识的客观性的验证、标准。(《列宁全集》第2

版第55卷第181页)

人的意识不仅反映客观世界,并且创造客观世界。(《列宁全集》第2版第55卷第182页)

世界不会满足人,人决心以自己的行动来改变世界。(《列宁全集》第2版第55卷第183页)

实践高于(理论的)认识,因为它不仅具有普遍性的品格,而且还具有直接现实性的品格。(《列宁全集》第2版第55卷第183页)

认识……发现在自己面前真实存在着的东西就是不以主观意见(设定)为转移的现存的现实。(这是纯粹的唯物主义!)人的意志、人的实践,本身之所以会妨碍达到自己的目的……就是由于把自己和认识分隔开来,由于不承认外部现实是真实存在着的东西(是客观真理)。必须**把认识**和**实践结合起来**。(《列宁全集》第2版第55卷第185页)

(人的活动的)目的未完成的原因(Grund)是:把实在当做不存在的东西(nichtig),不承认它(实在)的客观的现实性。(《列宁全集》第2版第55卷第187页)

为自己绘制客观世界图景的人的活动**改变**外部现实，消灭它的规定性（＝变更它的这些或那些方面、质），这样，也就去掉了它的外观、外在性和虚无性的特点，使它成为自在自为地存在着的（＝客观真实的）。（《列宁全集》第2版第55卷第187页）

（1）考察的**客观性**（不是实例，不是枝节之论，而**辩证法的要素**是自在之物本身）。

（2）这个事物对其他事物的多种多样的**关系**的全部总和。

（3）这个事物（或现象）的**发展**、它自身的运动、它自身的生命。

（4）这个事物中的内在矛盾的**倾向**。

（5）事物（现象等等）是**对立面**的总和**与统一**。

（6）这些对立面、矛盾的趋向等等**斗争**或展开。

（7）分析和综合的结合，——各个部分的分解和所有这些部分的总和、总计。

（8）每个事物（现象等等）的关系不仅是多种多样的，并且是一般的、普遍的。每个事物（现象、过程等等）是和其他的**每个**事物联系着的。

（9）不仅是对立面的统一，而且是**每个**规定、质、特征、方面、特性向**每个**他者［向自己的对立面？］的**过渡**。

（10）揭示**新的**方面、关系等等的无限过程。

（11）人对事物、现象、过程等等的认识深化的无限过程，从现象到本质从不甚深刻的本质到更深刻的本质；

（12）从并存到因果性以及从联系和相互依存的一个形式到另一个更深刻更一般的形式①。

（13）在高级阶段重复低级阶段的某些特征、特性等等，并且

（14）仿佛是向旧东西的复归（否定的否定）。

（15）内容对形式以及形式对内容的斗争。抛弃形式、改造内容。

（16）从量到质和从质到量的过渡。（15和16是9的**实例**）

> 可以把辩证法简要地规定为关于对立面的统一的学说。这样就会抓住辩证法的核心，可是这需要说明和发挥。

（《列宁全集》第2版第55卷第190—192页）

辩证法的特征的和本质的东西不是单纯的否定，不是徒然的否定，**不是怀疑的**否定、动摇、疑惑，——当然，辩证法自身包含着否定的要素，并且这是它的最重要的要

---

① 在列宁的手稿中，(11)和(12)原来是一条，后来列宁把该条的后半部分单列为(12)，两条之间用分号断开。此处是按手稿翻译的（见《列宁全集》第2版第55卷第192页和第193页之间的插页）。

素，——不是这些，而是作为联系环节、作为发展环节的否定，它保持着肯定的东西，即没有任何动摇，没有任何折中。（《列宁全集》第2版第55卷第195页）

对于简单的和最初的"第一个"肯定的论断、论点等等，"辩证的环节"，即科学的考察，要求指出差别、联系、过渡。否则，简单地、肯定的论断就是不完全的、无生命的、僵死的。对于"第二个"否定的论点，"辩证的环节"则要求指出"**统一**"，也就是指出否定和肯定的联系，指出这个肯定存在于否定之中。从肯定到否定——从否定到保存着肯定东西的"统一"，——否则，辩证法就要成为空洞的否定，成为游戏或怀疑。（《列宁全集》第2版第55卷第196页）

思维应当**把握住**运动着的全部"表象"，**为此**，**思维**就必须是辩证的。表象比思维**更接近**于实在吗？又是又不是。表象不能把握**整个**运动，例如它不能把握秒速为30万公里的运动[①]，而**思维**则把握而且应当把握。从表象中获得的思维，也反映实在；时间是客观实在的存在形式。（《列宁全集》第2版第55卷第197页）

---

① 即光速——任何可能的运动的极限速度。列宁在关于路德维希·达姆施泰特《自然科学和技术历史指南》的札记中谈到测定光速的一些方法（见《列宁全集》第2版第55卷第348页）。

黑格尔《哲学史讲演录》一书摘要
（批语摘选）

（1915年）

就本来的意义说，辩证法是研究**对象的本质自身**中的矛盾：不但现象是短暂的、运动的、流逝的、只是被约定的界限所划分的，而且事物的**本质**也是如此。（《列宁全集》第2版第55卷第213页）

对于"发展原则"，在20世纪（还有19世纪末）"大家都同意"。——是的，不过这种表面的、未经深思熟虑的、偶然的、庸俗的"同意"是**一种窒息真理，使真理庸俗化**的同意。——如果一切都发展着，那么一切就都相互过渡，因为发展显然不是简单的、普遍的和永恒的**生长、增多**（或减少）等等。——既然如此，那首先就要更**确切地**理解进化，把它看做一切事物的产生和消灭，相互过渡。——其次，如果**一切**都发展着，那么这是否也同思维的最一般的**概念**和**范畴**有关？如果无关，那就是说，思维同存在没有联系。如果有关，那就是说，存在着具有客观意义的概念辩证法和认识辩证法。

此外，还必须把发展的普遍原则和**世界**、自然界、运动、物质等等的**统一**的普遍原则联结、联系、结合起来。（《列宁

全集》第2版第55卷第215—216页)

运动是时间和空间的本质。表达这个本质的基本概念有两个:(无限的)非间断性(Kontinuität)和"点截性"(=非间断性的否定,即**间断性**)。运动是(时间和空间的)非间断性与(时间和空间的)间断性的统一。运动是矛盾,是矛盾的统一。(《列宁全集》第2版第55卷第217页)

运动就是物体在某一瞬间在某一地点,在接着而来的另一瞬间则在另一地点,——这就是切尔诺夫追随**所有**反对黑格尔的"形而上学者"而重复提出的反驳(参看他的《哲学论文集》)。

这个反驳是**不正确的**:(1)它描述的是运动的结果,而不是运动**本身**;(2)它没有指出、没有包含运动的可能性;(3)它把运动描写为**静止**状态的总和、联结,就是说,(辩证的)矛盾没有被它消除,而只是被掩盖、推开、隐藏、遮闭起来。(《列宁全集》第2版第55卷第218—219页)

如果不把不间断的东西割断,不使活生生的东西简单化、粗陋化,不加以划分,不使之僵化,那么我们就不能想象、表达、测量、描述运动。思想对运动的描述,总是粗陋化、僵化。不仅思想是这样,而且感觉也是这样,不仅对运动是这样,而且对任何概念也都是这样。

这就是辩证法的**实质**。对立面的统一、同一这个公式正是表现**这个实质**。(《列宁全集》第2版第55卷第219页)

一般的含义是矛盾的：它是僵死的，它是不纯粹的、不完全的，等等，等等，而且它也只是认识**具体事物**的一个**阶段**，因为我们永远不会完全认识具体事物。一帮概念、规律等等的**无限**总和才提供完全的**具体事物**。(《列宁全集》第2版第55卷第239页)

认识向客体的运动从来只能辩证地进行：为了更准确地前进而后退——为了更好地跃进（认识？）而后退。相合线和相离线：彼此相交的圆圈。交错点=人的和人类历史的实践。

（实践=同实在事物的无限多的方面中的一个方面相符合的标准。）(《列宁全集》第2版第55卷第239页)

辩证的过渡和非辩证的过渡的区别何在？在于飞跃。在于矛盾性。在于渐进过程的中断。在于存在和非存在的统一（同一）。(《列宁全集》第2版第55卷第244页)

理性（知性）、思想、意识，如果**撇开自然界**，不适应于自然界，就是虚妄。=唯物主义！(《列宁全集》第2版第55卷第246页)

黑格尔辩证法（逻辑学）的纲要
（批语摘选）

[《小逻辑》(《哲学全书》)的目录]

（1915年）

概念（认识）在存在中（在直接的现象中）揭露本质（因果、同一、差别等等规律）——整个人类认识（全部科学）的**一般进程**确实如此。**自然科学**和**政治经济学**[以及历史]的进程也是如此。所以，黑格尔的辩证法是思想史的概括。从各门科学的历史来更具体地更详尽地研究这点，会是一个极有裨益的任务。总的说来，在逻辑中思想史应当和思维规律相吻合。(列宁全集》第2版第55卷第289页)

虽说马克思没有遗留下"**逻辑**"（大写字母的），但他遗留下《资本论》的**逻辑**，应当充分地利用这种逻辑来解决这一问题。在《资本论》中，唯物主义的逻辑、辩证法和认识论[不必要三个词：它们是同一个东西]都应用于一门科学，这种唯物主义从黑格尔那里吸取了全部有价值的东西并发展了这些有价值的东西。(《列宁全集》第2版第55卷第290页)

拉萨尔《爱非斯的晦涩哲人赫拉克利特的哲学》一书摘要(批语摘选)

(1915年)

因此

希腊哲学已经涉及所有这些成分 { **哲学的历史**这些就是认识论和辩证法
各门科学的历史应当从中形成的知识领域
儿童智力发展的历史
动物智力发展的历史
语言的历史,注意:
　　+心理学
　　+感觉器官的生理学 } 简单地说,就是整个认识的历史全部知识领域

(《列宁全集》第2版第55卷第302页)

亚里士多德《形而上学》一书摘要
（批语摘选）
（1915年）

智慧（人的）对待个别事物，对个别事物的复制（＝概念），**不是**简单的、直接的、照镜子那样死板的行为。而是复杂的、二重化的、曲折的、**有**可能使幻想脱离生活的行为；不仅如此，它还**有**可能使抽象概念、观念向**幻想**（最后＝上帝）**转变**（而且是不知不觉的、人所意识不到的转变）。因为即使在最简单的概括中，在最基本的一般观念（一般"桌子"）中，都**有**一定成分的**幻想**。（反过来说，就是在最精确的科学中，否认幻想的作用也是荒谬的：参看皮萨列夫论推动工作的有益的幻想以及空洞的幻想。①）（《列宁全集》第2版第55卷第317页）

---

① 此处见德·伊·皮萨列夫《幼稚想法的失策》一文《（皮萨列夫全集》1956年俄文版第3卷第147—151页）。列宁在《怎么办？》一书中引用了皮萨列夫的这一思想和他的著作中相应的地方（见《列宁全集》第2版第6卷第163—164页）。

重要论述摘编

马克思主义是唯物主义。正因为如此,它同18世纪百科全书派的唯物主义或费尔巴哈的唯物主义一样,也毫不留情地反对宗教。这是没有疑问的。但是,马克思和恩格斯的辩证唯物主义比百科全书派和费尔巴哈更进一步,它把唯物主义哲学应用到历史领域,应用到社会科学领域。我们应当同宗教作斗争。这是**整个**唯物主义的起码原则,因而也是马克思主义的起码原则。但是,马克思主义不是停留在起码原则上的唯物主义。马克思主义更前进了一步。它认为必须**善于**同宗教作斗争,为此应当用**唯物主义观点**来说明群众中的信仰和宗教的根源。同宗教作斗争不应该局限于抽象的思想宣传,不能把它归结为这样的宣传;而应该把这一斗争同目的在于消灭产生宗教的社会根源的阶级运动的具体实践联系起来。

《论工人政党对宗教的态度》(1909年5月13日〔26日〕),《列宁全集》第2版第17卷第391页

马克思、恩格斯和约·狄慈根出现于哲学舞台上,都是当唯物主义在所有先进知识分子中间、特别是在工人中间已

经占据优势的时候。因此，马克思和恩格斯把自己的全部注意力集中于：不是重复旧的东西，而是认真地在理论上**发展**唯物主义，把唯物主义应用于历史，就是说，**修盖好**唯物主义哲学这所建筑物的上层，这是理所当然的。他们在认识论领域中**只限于**改正费尔巴哈的错误，讥笑唯物主义者杜林的庸俗，批判毕希纳的错误（参看约·狄慈根的著作），强调这些在工人中间影响广名声大的著作家所**特别**缺少的东西，即辩证法，这是理所当然的。马克思、恩格斯和约·狄慈根并不担心叫卖者在几十种出版物中所叫卖的那些唯物主义的起码真理，而是把全部注意力集中于：不让这些起码真理庸俗化、过于简单化，导致思想僵化（"下半截是唯物主义，上半截是唯心主义"），导致忘却黑格尔的辩证法这个唯心主义体系的宝贵成果——毕希纳之流和杜林之流（以及勒克列尔、马赫、阿芬那留斯等等）一群雄鸡所不能从绝对唯心主义粪堆中啄出的这颗珍珠。

《唯物主义和经验批判主义》（1908年2—10月），
《列宁全集》第2版第18卷第254页

马克思一再把自己的世界观叫做辩证唯物主义，恩格斯的《反杜林论》（**马克思读过全部手稿**）阐述的也正是这个世界观。

《唯物主义和经验批判主义》(1908年2—10月)，《列宁全集》第2版第18卷第258页

马克思并没有停止在18世纪的唯物主义上，而是把哲学向前推进了。他用德国古典哲学的成果，特别是用黑格尔体系（它又导致了费尔巴哈的唯物主义）的成果丰富了哲学。这些成果中主要的就是**辩证法**，即最完备最深刻最无片面性的关于发展的学说，这种学说认为反映永恒发展的物质的人类知识是相对的。不管那些"重新"回到陈腐的唯心主义那里去的资产阶级哲学家的学说怎样说，自然科学的最新发现，如镭、电子、元素转化，都出色地证实了马克思的辩证唯物主义。

马克思加深和发展了哲学唯物主义，而且把它贯彻到底，把它对自然界的认识推广到对**人类社会**的认识。马克思的历史**唯物主义**是科学思想中的最大成果。过去在历史观和政治观方面占支配地位的那种混乱和随意性，被一种极其完整严密的科学理论所代替，这种科学理论说明，由于生产力的发展，如何从一种社会生活结构中发展出另一种更高级的结构，例如从农奴制中生长出资本主义。

正如人的认识反映不依赖于它而存在的自然界即发展着的物质那样，人的**社会认识**（即哲学、宗教、政治等等的不同观点和学说）反映社会的**经济制度**。政治设施是经济基础的上层建筑。我们看到，例如现代欧洲各国的各种政治形式，

都是为巩固资产阶级对无产阶级的统治服务的。

马克思的哲学是完备的哲学唯物主义,它把伟大的认识工具给了人类,特别是给了工人阶级。

《马克思主义的三个来源和三个组成部分》(1913年3月),《列宁全集》第2版第23卷第42—45页

运用唯物主义辩证法从根本上来修改整个政治经济学,把唯物主义辩证法运用于历史、自然科学、哲学以及工人阶级的政治和策略——这就是马克思和恩格斯最为关注的事情,这就是他们作出最重要、最新的贡献的领域,这就是他们在革命思想史上迈出的天才的一步。

《马克思和恩格斯通信集》(1913年底),《列宁全集》第2版第24卷第276页

马克思和恩格斯认为,"旧"唯物主义,包括费尔巴哈的唯物主义在内(更不要说毕希纳、福格特、摩莱肖特的"庸俗"唯物主义了),其主要缺点是:(1)这种唯物主义"主要是机械的"唯物主义,它没有考虑到化学和生物学(现在还应加上物质的电学理论)的最新发展;(2)旧唯物主义是非历史的、非辩证的(是反辩证法意义上的形而上学的),它没

有彻底和全面地贯彻发展的观点;(3)他们抽象地理解"人的本质",而不是把它理解为"一切社会关系的〈一定的具体历史条件下的〉总和",所以他们只是"解释"世界,而问题却在于"改变"世界,也就是说,他们不理解"革命实践活动"的意义。

《卡尔·马克思》(1914年11月),
《列宁全集》第2版第26卷第55页

发现唯物主义历史观,或者更确切地说,把唯物主义贯彻和推广运用于社会现象领域,消除了以往的历史理论的两个主要缺点。第一,以往的历史理论至多只是考察了人们历史活动的思想动机,而没有研究产生这些动机的原因,没有探索社会关系体系发展的客观规律性,没有把物质生产的发展程度看做这些关系的根源;第二,以往的理论从来忽视居民**群众**的活动,只有历史唯物主义才第一次使我们能以自然科学的精确性去研究群众生活的社会条件以及这些条件的变更。马克思以前的"社会学"和历史学,**至多**是积累了零星收集来的未加分析的事实,描述了历史过程的个别方面。马克思主义则指出了对各种社会经济形态的产生、发展和衰落过程进行全面而周密的研究的途径,因为它考察了所有各种矛盾的趋向的**总和**,把这些趋向归结为可以准确测定的、社会**各阶级**的生活和生产的条件，排除了选择某种"主导"思想或解释这种思想时的主观主义和武断态度，揭示了物质生产力的状况是所有一切思想和各种不同趋向的**根源**。人们自己创造自己的历史，但人们即群众的动机是由什么决定的，各种矛盾的思想或意向间的冲突是由什么引起的，一切人类社会中所有这些冲突的总和是怎样的，构成人们全部历史活动基础的、客观的物质生活的生产条件是怎样的，这些条件的发展规律是怎样的，——马克思对这一切都注意到了，并且指出了科学地研究历史这一极其复杂、充满矛盾而又是有规律的统一过程的途径。

《卡尔·马克思》（1914年11月），
《列宁全集》第2版第26卷第59—60页

无论什么时候都不应当把马克思主义使之用脚立地后接受过来的伟大的黑格尔辩证法，同那种为某些从我党革命派滚向机会主义派的政治活动家的曲折路线进行辩护的庸俗手法混为一谈，不应当把它同那种将各种特定的声明，将同一过程中不同阶段发展的各种特定的因素搅成二团的庸俗态度混为一谈。真正的辩证法并不为个人错误辩护，而是研究不可避免的转变，根据对发展过程的全部具体情况的详尽研究来证明这种转变的不可避免性。辩证法的基本原理是：没有抽象的真理，真理总是具体的……同时也不应当把这个伟大的黑格尔辩证法同那种可以用"脑袋钻不进，就把尾巴塞进去"这句意大利谚语来形容的庸俗的处世秘诀混为一谈。

《进一步，退两步》（1904年2—5月），
《列宁全集》第2版第8卷第412页

马克思并不是笼统地"否定"这个小资产阶级运动，并不是采取学理主义的态度忽视这个运动，并不像许多书呆子那样害怕接触革命的小资产阶级民主派会弄脏自己的手。马克思虽然对这个运动的思想外衣的荒谬性加以无情的讥笑，但他力求以冷静的唯物主义态度来确定这个运动的**真正的**历史内容，确定那些不以人们的意志和意识、梦想和理论为转移，而是由于客观条件必然会产生的这一运动的结果。所以，马克思对于共产主义者支持这个运动不是进行斥责，而是表示完全赞同。马克思站在辩证的观点上，也就是全面地考察这个运动，既看到过去，也看到将来，指出对土地私有制的攻击有革命的一面。马克思承认小资产阶级运动是无产阶级共产主义运动的特殊的初步形态。

《马克思论美国的"土地平分"》（1905年4月7日
［20日］），《列宁全集》第2版第10卷第55页

具体的政治任务要在具体的环境中提出。一切都是相对的，一切都是流动的，一切都是变化的。

《社会民主党在民主革命中的两种策略》（1905年6—7月），
《列宁全集》第2版第11卷第69页

我们不否认一般的原则，但是我们要求对具体运用这些一般原则的条件进行具体的分析。抽象的真理是没有的，真理总是具体的。

《立宪民主党人的胜利和工人政党的任务》
（1906年3月24—28日［4月6—10日］），
《列宁全集》第2版第12卷第273页

一切抽象真理，如果应用时不加任何分析，都会变成空谈。

《俄共（布）第七次（紧急）代表大会文献》（1918年3月），
《列宁全集》第2版第34卷第9页

每个马克思主义者对于考察斗争形式问题，应当提出些什么基本要求呢？第一，马克思主义同一切原始形式的社会主义不同，它不把运动限于某一种固定的斗争形式。它承认各种各样的斗争形式，并且不是"臆造"这些形式，而只是对运动进程中自然而然产生的革命阶级的斗争形式加以概括、组织，并使其带有自觉性。马克思主义同任何抽象公式、任何学理主义方法是绝对不相容的，它要求细心对待进行中的**群众**斗争，因为群众斗争随着运动的发展，随着群众觉悟的提高，随着经济危机和政治危机的加剧，会产生愈来愈新和愈来愈多的防御和攻击的方式。因此，马克思主义决不拒绝任何斗争形式。马克思主义决不局限于只是在当前可能的和已有的斗争形式，它认为，随着当前社会局势的变化，**必然**会出现新的、为这个时期的活动家所不知道的斗争形式。马克思主义在这方面可以说是向群众的实践**学习**的，决不奢望用书斋里的"分类学家"臆造的斗争形式来**教导**群众。例如，考茨基在考察社会革命的形式时说：我们知道，即将到来的危机会给我们带来我们现在还预见不到的新的斗争形式。

第二，马克思主义要求我们一定要**历史地**来考察斗争形式的问题。脱离历史的具体环境来谈这个问题，就是不懂得辩证唯物主义的起码常识。在经济演进的各个不同时期，由于政治、民族文化、风俗习惯等等条件各不相同，也就有各种不同的斗争形式提到首位，成为主要的斗争形式，而各种次要的附带的斗争形式，也就随之发生变化。不详细考察某个运动在它的某一发展阶段的具体环境，要想对一定的斗争手段问题作肯定或否定的回答，就等于完全抛弃马克思主义的立脚点。

> 《游击战争》（1906年9月30日〔10月13日〕），
> 《列宁全集》第2版第14卷第1—2页

把马克思和恩格斯有关英美工人运动的言论同有关德国工人运动的言论比较一下，是大有教益的。如果注意到在德国和英美两国，资本主义处于不同的发展阶段以及资产阶级这个阶级在这些国家全部政治生活中的统治形式各不相同这一事实，那么这种比较的意义就更大了。从科学的角度看，我们在这里可以看到唯物主义辩证法的典范，看到善于针对不同的政治经济条件的具体特点把问题的不同重点和不同方面提到首位加以强调的本领。从工人政党实际的政策和策略的角度看，我们在这里可以看到《共产党宣言》的作者针对不同国家的民族工人运动所处的不同阶段给战斗的无产阶级确定任务的典范。

> 《〈约·菲·贝克尔、约·狄慈根、弗·恩格斯、卡尔·马克思等致弗·阿·左尔格等书信集〉俄译本序言》
> （1907年4月6日〔19日〕），
> 《列宁全集》第2版第15卷第197—198页

马克思主义对历史的曲折道路的态度,实际上同它对妥协的态度是一样的。历史的任何曲折转变都是妥协,是已经没有足够的力量彻底否定新事物的旧事物同还没有足够的力量彻底推翻旧事物的新事物之间的妥协。马克思主义并不拒绝妥协,马克思主义认为必须利用妥协,但这决不排斥马克思主义作为活跃的经常起作用的历史力量去全力进行反对妥协的斗争。谁弄不明白这个似乎矛盾的道理,那他就是对马克思主义一窍不通。

《反对抵制》(1907年6月26日[7月9日]),
《列宁全集》第2版第16卷第6—7页

无政府工团主义和改良主义都只抓住工人运动中的**某**一方面,把片面观点发展为理论,把工人运动中形成工人阶级在某一时期或某种条件下活动的特点的那些趋向或特征说成是相互排斥的东西。而实际生活和实际历史本身却包含这些各不相同的趋向,正好像自然界的生命和发展二样,既包含缓慢的演进,也包含迅速的飞跃即渐进过程的中断。

《欧洲工人运动中的分歧》(1910年12月16日[29日]),
《列宁全集》第2版第20卷第67页

恩格斯在谈到他本人和他那位著名的朋友时说过：我们的学说不是教条，而是行动的指南。这个经典性的论点异常鲜明有力地强调了马克思主义的往往被人忽视的那一方面。而忽视那一方面，就会把马克思主义变成一种片面的、畸形的、僵死的东西，就会抽掉马克思主义的活的灵魂，就会破坏它的根本的理论基础——辩证法即关于包罗万象和充满矛盾的历史发展的学说；就会破坏马克思主义同时代的一定实际任务，即可能随着每一次新的历史转变而改变的一定实际任务之间的联系。

《论马克思主义历史发展中的几个特点》（1910年12月23日〔1911年1月5日〕），《列宁全集》第2版第20卷第84页

发展似乎是在重复以往的阶段，但它是以另一种方式重复，是在更高的基础上重复（"否定的否定"），发展是按所谓螺旋式，而不是按直线式进行的：发展是飞跃式的、剧变式的、革命的；"渐进过程的中断"；量转化为质；发展的内因来自对某一物体、或在某一现象范围内或某一社会内发生作用的各种力量和趋势的矛盾或冲突，每种现象的**一切**方面（而且历史在不断地揭示出新的方面）相互依存，极其密切而不可分割地联系在一起，这种联系形成统一的、有规律的世界运动过程，——这就是辩证法这一内容更丰富的（与通常

的相比）发展学说的若干特征。

　　　　　　　　　　《卡尔·马克思》（1914年11月），
　　　　　　　　　　《列宁全集》第2版第26卷第57页

　　仅仅一般地做一个革命者和社会主义拥护者或者共产主义者是不够的。必须善于在每个特定时机找出链条上的特殊环节，必须全力抓住这个环节，以便抓住整个链条并切实地准备过渡到下一个环节；而在这里，在历史事变的链条里，各个环节的次序，它们的形式，它们的联接，它们之间的区别，都不像铁匠所制成的普通链条那样简单和粗陋。

　　　　　　　　　《苏维埃政权的当前任务》（1918年4月），
　　　　　　　　　　《列宁全集》第2版第34卷第185页

　　考茨基、奥托·鲍威尔等等这样通晓马克思主义和曾经忠于社会主义的第二国际领袖们的经历可以（而且应当）作为有益的教训。他们完全认识到必须采取灵活的策略，他们自己学习过并向别人传授过马克思的辩证法（他们在这方面的著作，有许多东西永远是社会主义文献中有价值的成果），但是他们在**运用**这种辩证法的时候，竟犯了这样的错误，或者说，他们在实践中竟成为这样的非辩证论者，竟成为这样不会估计形式的迅速变化和旧形式迅速注入了新内容的人，以致他们的下场比海德门、盖得和普列汉诺夫好不了多少。他们破产的根本原因就在于他们只是"死盯着"工人运动和社会主义运动发展的某一形式，而忘记了这个形式的片面性，他们不敢正视由于客观条件的改变而必然发生的急剧变化，而继续重复那种简单的、背熟了的、初看起来是不容争辩的真理：三大于二。然而政治与其说像算术，不如说像代数，与其说像初等数学，不如说更像高等数学。实际上，社会主义运动的一切旧形式中都已注入了新内容，因此在数字前面出现了一个新符号即"负号"，可是我们那些圣哲仍然（现在还在）固执地要自己和别人相信："负三"大于"负二"。

《共产主义运动中的"左派"幼稚病》（1920年4—5月），《列宁全集》第2版第39卷第81页

这几天我翻阅了一下苏汉诺夫的革命札记。特别引人注目的是我国所有小资产阶级民主派也和第二国际全体英雄们一样迂腐。引人注目的是他们对过去的盲目模仿，至于他们非常怯懦，甚至其中的优秀人物一听说要稍微离开一下德国这个榜样，也要持保留态度，至于所有小资产阶级民主派在整个革命中充分表现出来的这种特性，就更不用说了。

他们都自称马克思主义者，但是对马克思主义的理解却

迂腐到无以复加的程度。马克思主义中有决定意义的东西，即马克思主义的革命辩证法，他们一点也不理解。马克思说在革命时刻要有极大的灵活性，就连马克思的这个直接指示他们也完全不理解，他们甚至没有注意到，例如，马克思在通信中（我记得是在1856年的通信中）曾表示希望能够造成一种革命局面的德国农民战争同工人运动结合起来，就是对马克思的这个直接指示，他们也像猫儿围着热粥那样绕来绕去，不敢触及。

《论我国革命》（1923年1月16日和17日），
《列宁全集》第2版第43卷第369页

物质是第一性的，思想、意识、感觉是高度发展的产物。这就是自然科学自发地主张的唯物主义认识论。

《唯物主义和经验批判主义》（1908年2—10月），
《列宁全集》第2版第18卷第70—71页

从恩格斯的观点看来，不变的只有一点，那就是：人的意识（在有人的意识的时候）反映着不依赖于它而存在和发展的外部世界。而空洞的教授哲学所描述的任何其他的"不变性"、任何其他的"实质"、任何"绝对的实体"，在马克思和恩格斯看来都是不存在的。物的"实质"或"实体"**也是**相对的；它们表现的只是人对客体的认识的深化。既然这种深化昨天还没有超过原子，今天还没有超过电子和以太，所以辩证唯物主义坚持认为，日益发展的人类科学在认识自然界上的这一切**里程碑**都具有暂时的、相对的、近似的性质。电子和原子一样，也**是不可穷尽的**，自然界是无限的，而且它无限地**存在着**。正是绝对地无条件地承认自然界**存在**于人的意识和感觉之外这一点，才把辩证唯物主义同相对主义的不可知论和唯心主义区别开来。

《唯物主义和经验批判主义》（1908年2—10月），
《列宁全集》第2版第18卷第275页